D1665904

www.tredition.de

PETER KEES

Mein Weg zu Erfolg und Geld

Praxisnaher Ratgeber

Dem Inhalt des praxisnahen Buches liegen die langjährigen Erfahrungswerte des Autors zugrunde.

Sein interessantes Wirken an sieben verschiedenen Standorten und die damit verbundene große Flexibilität bieten weitgehend den Inhalt dieses Buches - hier wird in erster Linie die berufliche Tätigkeit mit allen großen Höhen und Tiefen deutlich aufgezeigt. Dabei liegt der Schwerpunkt nicht nur auf den Themen der Akquisition und Organisation, sondern sehr stark auch auf der menschlichen und finanziellen Seite.

Dem Leser werden in einer Vielzahl von Kapiteln zahlreiche praxisnahe Tipps für sich und sein zukünftiges Berufs- und Privat-Leben geboten. An dieser Stelle sei auf das Sachregister mit den entsprechenden Themen verwiesen.

In den einzelnen Kapiteln bemüht sich der Autor immer wieder, die äußerst verschiedenartigsten Aufgaben und Probleme anzureißen und ganz konkret die Fragen ihrer Realisierung zu schildern.

Der vorliegende sehr persönliche Berufs- und Lebensweg zeigt deutlich, welche beachtlichen Chancen sich vielen Menschen insbesondere beruflich bieten.

Der Autor Peter Kees

ist Jahrgang 1929. Er stammt vom mittel- und ostdeutschen Großgrundbesitz. Nach dem Verlust bzw. der Enteignung des väterlichen Grundbesitzes in Sachsen und Schlesien durch Krieg und Bodenreform flüchtete der Autor 1950 nach dem Westen und startete hier aus dem Nichts ein Agrar- und Forstwirtschafts-Studium.

Es schloss sich eine über 20-jährige leitende Tätigkeit bei mehreren halb-staatlichen, großen Agrar-Gesellschaften im Norden, Westen und Süd-Westen der Bundesrepublik an. Hinzu kam eine vieljährige Tätigkeit als Ausbilder von leitenden Mitarbeitern der entsprechenden Agrar-Gesellschaften und seine Arbeit als „vereidigter landwirtschaftlicher Sachverständiger".

Nach Abschluss der letztgenannten Tätigkeit promovierte der Autor 1988 im Alter von 59 Jahren in der Agrar-Wissenschaft an der staatl. Universität Keszthely (H) mit summa cum laude.

Hinzu kommt seine Ernennung zum **Gastprofessor** durch die Pädagogische Hochschule Magdeburg.

In dem bisherigen Berufsleben des Autors lag der Schwerpunkt in der gezielten Betreuung von Industriellen und anderen Grundbesitzern in Grundstücks- und Finanzierungsfragen.

Von Bedeutung dürfte auch seine Arbeit als Referent in mehreren Fortbildungs-Seminaren sein. Entsprechende Seminare wurden auch für die Mitarbeiter der **Mercedes Benz AG** abgehalten. Weiterhin ist interessant, dass er in einigen finanzpolitischen Büchern, die sich vorwiegend mit Vermögensfragen befassten, Mitautor war.

Die väterlichen Vorfahren des Autors waren im 17. Jahrhundert unter **August dem Starken** Gründer und Inhaber des **„Kursächsischen Postwesens"** in Leipzig.

Wie aus der einschlägigen Literatur, siehe u.a. „Das Kursächsische Postwesen unter Johann Jakob Kees I. und II.", Teuber-Verlag, Leipzig, 1914, ersichtlich ist, haben die Vorfahren des Autors während der sich über zwei Generationen erstreckenden Pachtperiode viele Auseinandersetzungen mit **August dem Starken** geführt, die oft in den überzogenen Pachtforderungen des Monarchen lagen. Die Vorfahren des Autors realisierten im großen Umfang die enorme Ausdehnung des **Kursächsischen Postwesens**, und zwar weit über die Grenzen von Sachsen - nämlich nach Polen, Brandenburg sowie Nord- und Süddeutschland.

Die große wirtschaftliche Stärke der **Familie Kees** zeigte sich auch darin, dass **August der Starke** von der Familie des Autors mehrfach hohe Beträge, und zwar in sechsstelliger Höhe, geliehen hatte, die im Endeffekt nur teilweise zurückgezahlt wurden.

Von eminenter Bedeutung ist die angeheiratete Verwandtschaft **NAPOLEON BONAPARTE**. Diese fußt auf meiner väterlichen Urgroßmutter Charlotte Kees, geb. Hecker aus Görlitz – über meine Ur-Urgroßmutter Conti – 1830 Basel bis 1901 Görlitz. Sie war Tochter von Franz Faesch * 26.07.1785 Basel + 20.06.1781 Görlitz. Franz Faesch – war Großneffe des Kardinals Joseph Faesch – welcher Stiefbruder der Laetitia Bonaparte – Mutter des KAISERS NAPOLEON – war.

Das vorliegende Buch bietet einen umfassenden Ein- und Überblick in ein sehr vielfältiges, von Erfolg geprägtes Leben.

Buch zwei erscheint im Juni 2013.

www.tredition.de

© **2013** **Autor:** **Peter Kees**

Coverfoto: Peter Kees privat 2012

Vermittlung, Lektorat und Satz über LiteraturCompany Berlin

www.literaturcompany.de

Verlag: tredition GmbH, Hamburg

www.tredition.de

Printed in Germany

ISBN: 978-3-8495-3863-7

Bibliografische Information der Deutschen Nationalbibliothek: Die Deutsche Nationalbibliothek verzeichnet diese Publikation in der Deutschen Nationalbibliografie; detaillierte bibliografi-sche Daten sind im Internet über http://dnb.d-nb.de abruf-bar.

PETER KEES

Mein Weg zu Erfolg und Geld

Praxisnaher RATGEBER

In Liebe - für meine Mutter

Teil I

Private und berufliche Fakten

Die Ur-Anlage

Ein Thema, das mich seit Jahren fasziniert.

Es steht völlig außer Zweifel, dass die **subjektive Historie** von eminenter Bedeutung ist - sie ist es, die von Kind an dominiert. Hierbei denke ich an Gene und Elternhaus - um die beiden wichtigsten Fakten zu nennen.

Da jeder Mensch verschieden ist, sind auch die Ur-Anlagen ebenfalls sehr unterschiedlich. Hinzu kommt, dass jeder Mensch - unbewusst oder bewusst - von seiner **subjektiven und objektiven Umgebung** stark geprägt wird. Aus letzteren Worten können Sie indirekt entnehmen, dass nicht nur die Überlegungen und Entscheidungen des einzelnen eine große Rolle spielen, sondern auch die immer wieder zu beobachtenden **Einflüsse Dritter** von großer Bedeutung sind.

Zusätzlich möchte ich mit Nachdruck auf den **jeweiligen Charakter** verweisen - er ist es, der über das Unterbewusstsein eine enorme Rolle spielt.

Menschen, die eine gute Ur-Anlage in sich tragen, sind von unserem Herrgott gesegnet - sie sind es, die immer einen geraden Weg gehen und es dadurch viel leichter haben als diejenigen, die eine problematische oder sogar schlechte Ur-Anlage in sich tragen.

Sicherlich erkennen Sie aus den obigen Zeilen, welche große Bedeutung wir **allen subjektiven Fakten** einräumen sollten. Wer dies erkennt und exerziert, liegt absolut richtig - befindet sich also auf der **persönlichen Erfolgsschiene.**

Die geistige Haltung

Die geistige Verfassung spielt bei jedem Menschen eine enorme Rolle. Es gilt, dies möglichst schon in jungen Jahren zu erkennen, denn nur so versetzt man sich in die Lage, ein optimales Leben für sich und die nähere persönliche Umgebung zu schaffen.

Letzteres ist leicht gesagt, ist jedoch von verschiedenen Fakten - historischer Art - abhängig. Hierbei denke ich primär an Gene, Elternhaus sowie Aus- und Fortbildung.

Diese kleine Auflistung zeigt Ihnen schon sehr deutlich, dass es immer wieder gilt, die geistigen Dinge zu erkennen und zu beachten, dass diese eine enorme Rolle spielen.

Ergänzend zu der obigen Aufzählung sei mit Nachdruck vermerkt, dass auch der Charakter von großer Bedeutung ist. Er ist es, der im Unterbewusstsein nicht nur vorhanden ist, sondern er zeigt sich laufend in allen unseren täglichen Handlungen. Es bedarf keiner besonderen Erwähnung, dass die obigen Ausführungen sowohl für das Private wie auch Berufliche gelten.

Außerdem ist festzuhalten, dass jeder Mensch verschieden ist – also eine entsprechende subjektive Haltung hat und praktiziert.

Gerade in unserer heutigen Zeit werden uns ganz enorme Möglichkeiten der Aus- und Fortbildung geboten. Wer dies schon in jungen Jahren erkennt, weiß, was zu tun ist. Setzt er sodann einen starken Willen ein, so zeigen sich sehr bald die ersten Teilerfolge und diese führen dazu, den beschrittenen Weg konsequent weiter zu gehen.

Sie werden immer wieder auf Menschen stoßen, die eine **optimale geistige Haltung** haben und die dadurch stets in der Vorhand sind.

Bekanntlich sagte man schon vor vielen Jahren:

Der Geist regiert die Welt.

Eigene Anmerkungen:

Das Menschliche

Das Menschliche hat eine enorme Bedeutung - und zwar deshalb, weil es ursächlicher Ausdruck unserer Person ist.

Wir sind gehalten, dies zu erkennen und insbesondere zu praktizieren.

Erfreulicherweise zeigen die meisten von uns ihre menschlichen Züge. Dadurch wird die Mitmenschlichkeit und das Soziale betont und praktiziert.

Es gilt, entsprechende Beispiele zu erkennen und ihnen nachzueifern.

Bedauerlicherweise leben viele Menschen unter problematischen - sehr unnatürlichen Verhältnissen. Hierbei denke ich an Städter und Großstädter, die oft in großen Mehrfamilienhäusern oder sogar Wohnblöcken leben - leben müssen. Für sie ist es kaum oder gar nicht möglich, ein naturbezogenes Leben zu führen. Hinzu kommt, dass sich dies meistens auch noch auf die beruflichen Dinge negativ auswirkt.

Wer zu diesem großen Personenkreis gehört, sollte die eigene Situation selbstkritisch analysieren und entsprechende Verbesserungen vornehmen. In vielen Fällen ist dies dadurch möglich, dass man z.B. seinen Wohnsitz aus dem Stadtzentrum an den Stadtrand verlegt. Natürlich gehören zu einer entsprechenden gravierenden Veränderung ein beachtlicher Wille und nicht zuletzt die Zustimmung der übrigen Familienangehörigen.

Vielleicht haben Ihnen obige Ausführungen aufgezeigt, welche hohe Bedeutung wir in jeder Lebensphase dem Menschlichen widmen sollten.

Von eminenter Bedeutung ist, dass man sich immer wieder bemüht, fast nur die eigenen menschlichen Züge zur Geltung kommen zu lassen. Nur so lässt sich eine absolut natürliche Vorgehensweise verfolgen. Tut man dies, so dient man nicht nur sich selbst, sondern zusätzlich einem anderen, denn jetzt zeigt sich eine menschliche Art und Größe.

Ist man selbst nicht in der Lage, das Ruder herumzureißen, gilt es, einen versierten Berater hinzuzuziehen. Wer hier am falschen Ende spart oder nicht den Mut hat, einen Dritten zu bitten, sich der schwierigen Situation anzunehmen, muss davon ausgehen, dass er sich auch in Zukunft fast ständig in einer Situation befindet, die eigentlich nicht akzeptabel ist.

Sicherlich haben obige Anmerkungen manchem jungen Leser gezeigt, welche Dominanz unsere menschlichen Züge laufend haben.

Eigene Anmerkungen:

Das eigene ICH

Jeder Mensch sollte möglichst früh das eigene ICH erkennen, denn es spielt sowohl im Persönlichen wie auch im Beruflichen die dominierende Rolle.

Aus obigem Faktum geht ebenso die enorme Wichtigkeit der Erziehung unserer Kinder und der individuellen Ausbildung hervor.

Wer die entsprechenden Register - sei es in kleinen oder auch großen Dingen - früh genug zieht, wird sehr schnell das Positive spüren - er ist es, der die Zeichen der Zeit erkannt hat und sich laufend bemüht, die eigene Situation selbstkritisch zu analysieren.

Der entscheidende Punkt ist neben der geistigen Veranlagung der persönliche Wille - er ist es, der immer wieder von ausschlaggebender Bedeutung ist.

Die Verwirklichung des eigenen Ich ist deshalb oft nicht leicht, weil wir immer wieder auf die subjektive und objektive Umgebung Rücksicht nehmen müssen. Eine Ausnahme bilden Menschen, die weitgehend oder sogar ganz alleine oder aber mit einem Partner leben, der zu fast 100 Prozent auf der entsprechenden Ebene und Welle liegt. Dass insbesondere letzteres äußerst selten anzutreffen ist, bedarf keiner besonderen Betonung.

Um noch einige selbstkritische Worte anzufügen sei erwähnt, dass auch ich über Jahre die eigene Situation nicht voll oder viel zu spät erkannte. Dadurch wurde vieles versäumt oder aber in eine nicht gerade optimale Richtung gelenkt.

Das Unterbewusstsein

Dieses Thema hat eine große Bedeutung - und zwar deshalb, weil unser Unterbewusstsein praktisch alle rein persönlichen und beruflichen Dinge lenkt.

Jeder Mensch sollte möglichst schon in jungen Jahren erkennen, dass sein Unterbewusstsein alles lenkt. Dies bezieht sich primär auf das Denken und natürlich auch auf die entsprechende Realisierung.

Obige Ausführungen zeigen Ihnen bereits äußerst deutlich, wie wichtig es ist, möglichst schon in jungen Jahren zu erkennen, dass jede Handlungsweise in unserem Unterbewusstsein entsteht - hier liegt also unser **subjektives Fundament.**

An dieser Stelle sei auf meine Ausführungen bezüglich des fast weltbekannten Autor Dr. Joseph Murphy verwiesen. Er hielt viele Jahre in einer Reihe von westeuropäischen Rundfunksendern - aber auch in Indien - täglich Vorträge. Im Rundfunk deshalb, weil seinerzeit das Fernsehen noch keine Rolle spielte.

Wie an entsprechender Stelle vermerkt, halte ich von seinen 25 Büchern das Buch „Die Macht Ihres Unterbewusstsein" für das Beste.

In diesem fantastischen Werk führt er in etwa 200 bis 300 kurzen Einzelkapiteln die Bedeutung unseres Unterbewusstseins auf. Er weist nach, dass wir uns praktisch in jeder Sekunde bemühen sollten, **im Unterbewusstsein positiv zu denken.**

Wer dies tut, erntet automatisch das Positive.

Dies klingt sehr leicht - ist aber für viele von uns deshalb schwer zu erreichen, weil **die jeweilige persönliche Historie** immer wieder dominiert. Letzteres ist im Grundsatz primär darauf zurückzuführen, dass wir immer wieder Gefahr laufen, alte Grundsätze zur Wirkung kommen zu lassen und somit auch dem Negativen eine hohe Bedeutung einräumen.

Wenn Sie sich in Ihrer näheren und weiteren Umgebung einmal umsehen, werden Sie sehr schnell die Bestätigung dieser Äußerung hinsichtlich **negativem Fundament** finden.

Um an dieser Stelle einige selbstkritische Bemerkungen anzuführen, sei darauf hingewiesen, dass auch ich vor Jahren zu den Menschen gehörte, die dem Negativen zu viel Macht einräumten.

Wenn Sie im Rahmen einer selbstkritischen Analyse feststellen sollten, dass auch Sie noch zu viele problematische oder sogar negative Gedanken im Unterbewusstsein haben, gilt es dies ganz gezielt voll abzustellen - also möglichst nur noch dem Positiven Bedeutung zu geben. Dass dies sich leicht sagt - jedoch bezüglich Realisierung schwer ist, bedarf keiner besonderen Erläuterung.

Frei Schnauze

Die nachstehend genannten Einzelartikel wurden von mir alle „Frei Schnauze" diktiert. Es handelt sich dabei ausschließlich um private und berufliche Erfahrungen, die sich im Laufe der Jahre gesammelt haben. Bei den einzelnen Artikeln kam es mir sehr darauf an, sowohl die positiven wie aber auch die negativen Dinge möglichst konkret zu schildern, denn nur so kann man davon ausgehen, dass es sich weitgehend um **sehr praxisnahe Fakten** handelt. Die Buchbesprechungen basieren auf Verlagsdaten.

Ich bin überzeugt, dass das freie und offene Diktat Ihr positives Echo finden wird.

Meiner Agentin Inge Kasan von der LiteraturCompany Berlin danke ich sehr für ihre aktive Unterstützung bezüglich der Gestaltung und Abfassung des Buches.

Analoges gilt für meine Schwägerin Irmgard aus Berlin. Ein weiterer Dank gilt meinem Sohn Alexander. Er hat mich in vielen Phasen der Erstellung des Buches sehr aktiv unterstützt.

Ein besonderer Dank gilt meiner langjährigen Sekretärin Frau Angelika Bräutigam aus Sundern/Sauerland – sie hat bei der Fertigung des Buches stets aktiv mitgewirkt. Für mich steht absolut fest, dass ich den diesbezüglichen Autorenerfolg auch ihr sehr zu verdanken habe.

Der Charakter

Jeder Mensch hat von Natur aus einen bestimmten Charakter mit bekommen. Betrachten wir unsere nähere und weitere Umgebung, so stellen wir sehr schnell fest, dass die verschiedenartigsten Charaktere anzutreffen sind - letzteres ist u.a. auf folgende Fakten zurückzuführen:

- Erbanlage,
- Umwelt,
- Erziehung und Ausbildung,
- derzeitige berufliche und private Stellung,
- Konto- oder Schuldenstand.

Menschen, die aufgrund ihrer Veranlagung positive Gene in sich tragen, werden immer die absolut notwendige Geradlinigkeit anstreben - sie besitzen ein fast unbezahlbares gutes Fundament. Erzieher und Ausbilder sind gehalten, diese positiven Anlagen zu erkennen und auf ihnen konsequent aufzubauen.

Diejenigen, die leider unter sehr unnatürlichen und somit problematischen Verhältnissen leben müssen, haben es schwerer, ihrem guten Charakter zu folgen, und zwar deshalb, weil die schlechten Lebensverhältnisse vieles erschweren oder sogar verhindern.

Der Umgang mit Menschen, die einen problematischen Charakter haben, ist nicht leicht - sie sind es, die den anderen immer wieder vor Probleme stellen, oder sogar eine normale, geschweige denn optimale Verbindung erschweren bzw. unmöglich machen.

Die menschliche Wärme und Kälte

Jeder Mensch ist immer wieder gehalten die enorme Bedeutung der menschlichen Wärme und Kälte unbedingt zu beachten. Eine entsprechende Beobachtung und insbesondere Berücksichtigung erfordert bestimmte Dinge. Hierbei denke ich an die Gene - Elternhaus - Erziehung sowie Bildung.

Schon diese kleine Auflistung zeigt Ihnen die große Bedeutung, die die menschliche Wärme - aber auch Kälte hat.

Da die Menschen alle sehr verschieden sind - was sich auch auf die jeweilige subjektive und objektive Umgebung bezieht, ergibt sich eine **enorme Vielfalt** - sie ist es, die wir immer wieder erkennen und beachten müssen, denn nur so können wir entsprechende **menschliche Register** ziehen.

Wer die rein subjektiven Zeichen der Zeit schon in jungen Jahren erkennt, befindet sich auf einem Weg, der ihm **Freude, Liebe und Erfolg** fast automatisch bringt.

Sie können jeden Tag Menschen beobachten, die eine wunderschöne, liebevolle Wärme zeigen und ausstrahlen - sie sind es, die dadurch eine beispielhafte Haltung an den Tag legen.

Ganz anders sieht es mit der menschlichen Kälte aus - sie ist leider bei vielen zu beobachten. Die Ursachen liegen primär im Subjektiven und sekundär im Objektiven. Hinzu kommt, dass die menschliche Kälte oft auch - bewusst oder auch unbewusst- durch Dritte entsteht. Dass sie oft auch - insbesondere bei Menschen im mittleren und älteren Alter - auf rein subjektive Rückschläge zurückzuführen ist, bedarf keiner besonderen Betonung. An dieser Stelle denke ich an die vielen schlimmen Trennungen und Scheidungen.

Aller Voraussicht nach haben Ihnen obige Ausführungen erneut deutlich gezeigt, welche Bedeutung die sehr subjektiven Fakten haben und dass es gilt, sie möglichst laufend zu erkennen und insbesondere zu beachten.

Eigene Anmerkungen:

Umgebung und Erfolg

Es steht außer Zweifel, dass die jeweilige subjektive und objektive Umgebung des einzelnen sehr stark mit den persönlichen und beruflichen Erfolgen gekoppelt ist. Letzteres deshalb, weil die äußeren Umstände hinsichtlich Entwicklung und Aufstieg eine enorme Bedeutung haben. Analoges gilt natürlich auch - und zwar primär - für die inneren Gedanken und Werte.

Schon obige Ausführungen haben Ihnen deutlich gezeigt, dass wir immer wieder alles dafür tun sollten, um unsere private und berufliche Umgebung möglichst optimal zu gestalten. Dass das für viele sehr schwierig ist, liegt auf der Hand und hängt vorwiegend damit zusammen, dass viele von uns unter schwierigen Verhältnissen leben und auch von Dritten abhängig sind.

Zu einer optimalen Umgebung gehört auch eine gezielte Aktivität. Jeglicher Pessimismus muss gedanklich unbedingt vermieden werden.

Wer zu denjenigen gehört, die hinsichtlich ihrer Umgebung unter problematischen Verhältnissen leben und arbeiten müssen, sollte selbstkritisch prüfen, was hinsichtlich einer grundlegenden Verbesserung zu tun ist. Dass das in vielen Fällen nach einer selbstkritischen Analyse möglich ist, steht außer Zweifel.

Das Individuelle

Ab einem bestimmten Alter sollte man erkennen, dass alle persönlichen Planungen und Entscheidungen von eminenter Bedeutung sind, denn sie sind es, die unser Leben sowohl im Persönlichen wie auch Beruflichen bestimmen.

Wer dies möglichst früh erkennt, wird sehr schnell die damit verbundenen Vorteile spüren - allerdings ist dies leichter gesagt als getan, denn entsprechende Überlegungen erfordern nicht nur eine entsprechende zumindest durchschnittliche Intelligenzstufe, sondern verlangen auch den Einsatz des persönlichen Willens.

Dass beides wiederum von weiteren Gegebenheiten abhängt, liegt auf der Hand. Hierbei denke ich in erster Linie an die rein persönlichen - aber auch beruflichen - Umstände - sie sind oft nur bedingt als optimal anzusehen.

Es steht außer Zweifel, dass sich praktisch jedem Menschen entsprechende Chancen bieten. Es gilt, diese so früh wie möglich zu erkennen und insbesondere konsequent zu verfolgen. Hat man dies eine Zeit lang getan, erntet man nicht nur die ersten Erfolge, sondern gewinnt auch neue Kräfte, die dazu führen, dass man sich in Zukunft noch mehr in eine erfolgreichere Richtung bewegt - letzteres versetzt den Betreffenden sodann in die Lage, neben kleinen und mittleren Dingen sich auch größere vorzunehmen.

Dieser Artikel hat Ihnen vermutlich aufgezeigt, dass eine Schwerpunktbildung in Richtung des Individuellen anzustreben ist und entsprechende konkrete Erfolge fast automatisch nach sich zieht.

Die inneren Werte

Jeder Mensch besitzt ganz bestimmte innere Werte. Sie basieren auf den Genen, dem Elternhaus sowie der Aus- und Fortbildung. Hinzu kommt, dass das Gewissen und der Charakter sowie der persönliche Wille eine bedeutende Rolle spielen.

Es gilt, die genannten Fakten so früh wie möglich zu erkennen und immer wieder selbstkritisch zu analysieren. Nur dadurch versetzt man sich in die Lage, sein eigenes Ich näher zu erkennen.

Stellt man im Rahmen einer selbstkritischen Analyse fest, dass die praktizierte Richtung nicht vertretbar ist, gilt es, sie unverzüglich zu ändern.

Hierbei denke ich primär an die **subjektive Geradlinigkeit.**

Letztere sollte immer eine dominierende Stellung haben, denn nur sie ist Ausdruck unserer Grundeinstellung und unseres Charakters.

Von eminenter Bedeutung ist zusätzlich unsere subjektive Umgebung. Derjenige, der hier ideale Verhältnisse zu verzeichnen hat, ist immer in der Vorhand, und zwar deshalb, weil eine optimale persönliche Umgebung die eigene positive Richtung sehr konkret unterstützt.

Ganz anders sieht es in den Fällen aus, wo die persönliche Umgebung problematisch ist. Hier besteht die Gefahr, dass man selbst von den negativen Dingen beeinflusst wird - oder aber es wesentlich schwerer ist, die eigene positive Richtung zu realisieren.

Von beachtlicher Bedeutung sind bei der Betrachtung der inneren Werte auch die ideellen Dinge - und zwar deshalb, weil gerade in der heutigen Zeit Geld und Prestige überbewertet und dadurch die ideellen Dinge vernachlässigt werden.

Es gilt sich dieser Tatsache immer wieder bewusst zu werden und alles zu tun um den ideellen Werten - hierbei denke ich z.B. an die vielen Dinge, die unter den Sammelbegriff *Kunst* fallen - einen größeren Rahmen einzuräumen.

Eine Höherstufung der ideellen Dinge setzt in der Regel voraus, dass man den finanziellen Rahmen begrenzt. Letzteres ist oft nur dann möglich, wenn man eine beachtliche Gradwanderung vornimmt - also Geld und Prestige innerlich zurückstuft.

Man kann immer wieder beobachten, dass die meisten Menschen in der alten Richtung, die sie seit Jahren gewohnt sind, verharren. Die Gründe sind verschiedener Natur - sie liegen ausschließlich im Subjektiven. Hinzu kommt, dass in den meisten Fällen die persönliche Umgebung - also z.B. auf den Partner/in oder die Kinder - zu viel Rücksicht genommen wird und daher manche Änderungen und Verbesserungen von vorn herein unterbleiben.

Hinsichtlich der Einordnung und Betonung der verschiedenen subjektiven und objektiven Dinge gibt es bekanntlich die verschiedenartigsten Variationen - was darauf zurückzuführen ist, dass praktisch jeder Mensch eine andere Veranlagung hat und die persönlichen Verhältnisse sehr unterschiedlich sind.

Menschen, die im Rahmen einer selbstkritischen Analyse feststellen, dass ihre Werte einer Verbesserung bedürfen, sollten alles tun um diese zu verbessern.

Stellt man im Rahmen der Analyse fest, dass die Größe und der Umfang der Probleme die eigenen Kräfte überfordert, gilt es, sich von einem versierten Betreuer -z.B. einem Pädagogen oder Arzt - betreuen zu lassen. Wer hier einen falschen Ehrgeiz an den Tag legt oder aber die Probleme über Jahre vor sich herschiebt, muss damit rechnen, dass eine **Zementierung der negativen Fakten** entsteht. Ist dies einmal eingetreten, besteht die große Gefahr, dass man über Jahre im Negativen verharrt.

Wahrscheinlich haben Ihnen obige Ausführungen deutlich gezeigt, dass das Subjektive in unserem Leben immer wieder dominierend ist.

Eigene Anmerkungen:

Die problematischen subjektiven Schnell-Schüsse

Ein Thema, das mich seit Jahren beschäftigt und fasziniert.

Wie bereits in anderen Kapiteln ausgeführt, lebt praktisch jeder Mensch unter verschiedenen subjektiven und objektiven Umständen – sie sind es, die weitgehend sein Leben bestimmen. Schon aus dieser Feststellung ersehen Sie die beachtliche Verschiedenheit der Gegebenheiten und Umstände. Es gilt, dies immer wieder zu erkennen und zu berücksichtigen. Nur so kann man sich auf die einzelnen Ziele konsequent einstellen.

Entsprechende positive Verhältnisse liegen bei demjenigen Menschen vor, der vom Elternhaus und der Erziehung her ausgesprochen optimale Dinge vorfinden. Liegen entsprechende gute Gegebenheiten vor, besitzt man ein ausgesprochen optimales Fundament – auf dem sich in der Regel leicht aufbauen lässt. Allerdings erfordert jeder Einsatz **einen starken Willen** – nur so können die subjektiven und objektiven Pläne konsequent realisiert werden.

Sie können immer wieder feststellen, dass die meisten Mitmenschen von ihrer mittelbaren und insbesondere unmittelbaren Umgebung teilweise oder sogar voll abgelenkt werden. Letzteres geschieht aus verschiedenen Gründen – meistens liegt es daran, dass der andere daran interessiert ist, seinen persönlichen Einfluss zu halten oder sogar auszubauen. Die entsprechenden Beweggründe sind vorwiegend rein subjektiv und sehr verschieden – auch hängen sie von den persönlichen Zielen und nicht zuletzt der subjektiven Umgebung stark ab.

In privaten und insbesondere beruflichen Dingen können Sie täglich Menschen beobachten, die es verstehen, jegliche Schnellschüsse zu vermeiden – sie sind es, die ihre Ziele und somit ihr Leben voll im Griff haben. Menschen, die so oder ähnlich vorgehen, befinden sich privat und beruflich in einem **beachtlichen Optimum.**

Wer dies erkannt hat und konsequent realisiert stärkt seine eigene Psyche und realisiert relativ zügig seine gesteckten Ziele.

Ganz anders sieht es bei denjenigen aus, die aufgrund einer privaten oder beruflichen Schwäche laufend Schnellschüsse loslassen – sie sind es, die aufgrund einer inneren Unruhe oder einer nicht allzu hohen Intelligenzstufe fast immer danebenhauen.

Wer so oder ähnlich vorgeht, ist nicht in der Lage, **sein Leben optimal zu gestalten.**

Betrachtet man entsprechende Fälle, so erkennt man sehr schnell die subjektive und objektive Problematik und sollte daraus entsprechende Schlüsse hinsichtlich grundsätzlicher Verbesserung ziehen. Letzteres erfordert primär eine selbstkritische Analyse und sodann den Einsatz eines starken Willens.

Ist man selbst nicht in der Lage, eine entsprechende umfangreiche Verbesserung vorzunehmen, gilt es, sich von Dritten, - z. B. Pädagogen - beraten zu lassen.

Vielleicht führen obige Ausführungen bei manchem Leser dazu, dass er seine jetzige Situation in Zukunft selbstkritischer durchleuchtet und daraus entsprechende Schlüsse zieht.

Entsprechende negative Beispiele kann man praktisch täglich privat und beruflich beobachten. Hierbei denke ich primär an die vielen ausgesprochen privaten Probleme – sei es Trennungen oder sogar Scheidungen. Es liegt auf der Hand, dass viele Trennungen und Scheidungen auf ausgesprochen **überstürzte Reaktionen** zurückzuführen sind. Ist eine diesbezügliche Entscheidung zwischen den Partnern oder Eheleuten einmal getroffen, lassen sich die schlimmen Reaktionen der Trennung und Scheidung meistens nicht mehr revidieren. Dass durch derartige private Entgleisungen -oder wie Sie es nennen wollen- oft ein enormes Leid entsteht, bedarf keiner besonderen Betonung. In vielen Fällen scheitert das subjektive Einlenken auch an einer nicht allzu hohen Intelligenzstufe.

Eigene Anmerkungen:

Die eigene psychische Verfassung

Die persönliche psychische Verfassung spielt in unserem Leben eine enorme Rolle - sie ist es, die unsere Stärke oder Schwäche zum Ausdruck bringt.

Um die Psyche eines Menschen erkennen zu können, bedarf es bestimmter Voraussetzungen. Hierbei denke ich primär an Gene, Elternhaus sowie Aus- und Fortbildung. Außerdem spielt auch hier der eigene Wille eine große Rolle. Wie Sie sehen, gilt es stets, darauf zu achten, dass sich - möglichst schon in jungen Jahren - **eine ideale Psyche** entwickelt. Dies ist natürlich nur möglich, wenn die subjektive und objektive Umgebung zumindest tragbar oder aber sogar optimal ist.

Die Menschen, die das Glück haben, unter idealen Verhältnissen aufzuwachsen und insbesondere zu leben, sind gegenüber den anderen - und das ist die Mehrzahl - unbedingt in einer beachtlichen Vorhand.

Die Gründe des letztgenannten Faktums erkennen Sie aus obigen Zeilen.

Ganz anders sieht es bei denjenigen aus, die aufgrund der **familiären Historie** benachteiligt sind. Ist eine derartige absolut bedauerliche Situation einmal eingetreten, besteht große Gefahr, dass sie auch in Zukunft so sein wird. Letzteres deshalb, weil sich in den meisten Fällen das Subjektive und Objektive kaum oder sogar gar nicht ändert.

Es steht doch außer Zweifel, dass praktisch jeder Mensch während seines ganzen Lebens weitgehend oder sogar voll in seiner Historie verharrt.

Wer im Rahmen einer selbstkritischen Analyse ein entsprechendes Manko feststellt, sollte sehr bald konkret überlegen welche Schritte hinsichtlich einer grundsätzlichen Verbesserung zu gehen sind. Sind die ersten Teilerfolge erzielt, lässt sich auf ihnen aufbauen und fortfahren.

Wer feststellt, dass eine Verbesserung kaum oder sogar gar nicht möglich ist, sollte so früh wie möglich den Weg zu einem versierten Berater - z.B. Arzt - wählen.

Ich habe immer wieder beobachtet, dass Menschen mit einer problematischen oder sogar schlimmen Psyche oft nicht den Mut haben, sich von Dritten beraten zu lassen.

Eigene Anmerkungen:

Die Familien-Historie

Für jeden Menschen spielt seine familiäre Vergangenheit eine dominierende Rolle - sie ist es die aufgrund der subjektiven Gegebenheiten weitgehend die Oberhand hat und meistens auch behält.

Die Gründe sind verschiedener Natur - sie liegen vorwiegend in den Genen, dem Elternhaus und insbesondere der Erziehung.

Letzteres gilt sowohl für das Positive wie auch für das Negative.

Die positiven und erfolgreichen historisch bedingten Grundsätze der Eltern sollten die eigenen Kinder möglichst schon in jungen Jahren anregen, die individuellen Chancen zu nutzen.

Derjenige, der seine positive Veranlagung und guten Beispiele nutzen kann und zusätzlich von den Eltern oder den Vorgesetzten unterstützt wird, befindet sich immer in der Vorhand.

Völlig anders verhält es sich in den vielen negativen Fällen. Hier fehlen primär entsprechende positive Veranlagungen sowie gute Beispiele.

Hat man im Rahmen einer selbstkritischen Analyse die Ursachen des Negativums erkannt, gilt es möglichst bald die Register hinsichtlich einer entscheidenden Verbesserung zu ziehen. Hierbei spielen die entsprechenden Möglichkeiten und insbesondere der persönliche Wille die entscheidende Rolle.

Fehlt es an den subjektiven und objektiven Möglichkeiten, sollte durch Dritte sehr bald eine intensive Beratung angestrebt werden. Diese Betreuung kann entweder durch den jeweiligen Vorgesetzten oder aber durch einen externen Fachmann vollzogen werden. Wer hier eine rein subjektive Aktivität vermissen lässt, braucht sich nicht zu wundern, wenn er sich auch in Zukunft auf einem problematischen Pfad bewegt.

Aller Voraussicht nach haben Ihnen obige Ausführungen erneut deutlich aufgezeigt, welche große Bedeutung die familiäre Historie immer wieder spielt und das es gilt, die entsprechenden Fakten zu erkennen.

Eigene Anmerkungen:

Der subjektive und objektive Zusammenhang

In praktisch jeder privaten und beruflichen Sache spielen die verschiedenen subjektiven Dinge eine beachtliche Rolle. Sie sind es, die hinsichtlich der persönlichen Planung und Realisierung eine große Rolle spielen. Von besonderer Bedeutung ist die jeweilige **persönliche Historie;** sie ist es, die hinsichtlich der Planungen und Verwirklichungen die entscheidende Rolle spielt. Letzteres deshalb, weil man auf ihr unbewusst oder sogar bewusst aufbaut.

Analoges gilt hinsichtlich der objektiven Dinge. Auch hier spielen Vergangenheit und Zukunft die entscheidende Rolle.

Welche persönliche Schwerpunktbildung der einzelne vornimmt, hängt primär von seiner Person und insbesondere stark von der persönlichen Planung ab.

Aus obigen Ausführungen ersehen Sie indirekt oder sogar direkt, welche große Bedeutung immer wieder das **Subjektive** spielt. Es liegt auf der Hand, dass jeder Mensch auf dem rein persönlichen Sektor gedanklich und auch hinsichtlich der Realisierung stark aufbaut.

Obige Ausführungen zeigen Ihnen sehr deutlich, wie groß die Verschiedenheit der einzelnen subjektiven und objektiven Dinge ist und bleibt. Es gilt, dies in jeder Phase der eigenen Gedanken und insbesondere der Ziele stark zu beachten. Nur so ist es möglich, die persönlichen und beruflichen Dinge zu realisieren.

Der Idealismus und seine große Bedeutung

Schon in jungen Jahren sollte man die enorme Bedeutung der ideellen Dinge erkennen.

Um dies erkennen zu können müssen die Gene sowie eine absolut positive subjektive und objektive Umgebung vorliegen. Hinzu kommt, dass das Elternhaus eine primäre Bedeutung einnimmt. Nur so ist man in der Lage, die ideellen Dinge zu erkennen.

Letzteres ist in der heutigen Zeit insbesondere deshalb sehr schwer und für viele unmöglich, weil die meisten Menschen im städtischen Bereich leben und dort oft problematische Verhältnisse vorfinden. Hierbei denke ich primär an die Menschen, die von Kind an in Miets- oder Hochhäusern leben - leben müssen. Sie sind es, die eine fast unpersönliche Basis vorfinden. Ein **gezielter Idealismus** beinhaltet eine kritische Einstellung hinsichtlich **Geld und Prestige.**

Wer dies erkannt hat und konsequent praktiziert, muss möglichst eine gute finanzielle Basis haben - oder sich zumindest auf dem entsprechenden Weg befinden. Dass dies nicht leicht ist liegt auf der Hand und hängt nicht nur von einem selbst, sondern in der Regel auch von der näheren und weiteren persönlichen und objektiven Umgebung ab.

Diejenigen Menschen, die **die große Bedeutung des Idealismus** erkannt haben, betrachten fast automatisch alle finanziellen Dinge weitgehend als sekundär. Analoges gilt bezüglich aller Fragen, die mit dem übertriebenen Prestige zusammenhängen.

Wenn man die o.g. Fakten erkannt und sie eine gewisse Zeit bereits praktiziert hat, wird man ihre große Bedeutung erkennen. Hinzu kommt, dass sich diese neue Haltung automatisch auf die nähere und weitere Umgebung des Einzelnen auswirkt. Diese neue stärkere Haltung führt automatisch dazu, dass Geld und Prestige eine untergeordnete Bedeutung haben.

Geld und Prestige

Ein Thema, das in meinen Augen eine enorme Bedeutung hat. Dies deshalb, weil fast alle Menschen dem Geld eine viel zu hohe Rangstelle einräumen – sie sind es, die immer wieder bestrebt sind, in möglichst kurzer Zeit viel Geld zu verdienen.

Im Rahmen der Verwirklichung wird oft die in jeder Phase erforderliche Gradlinigkeit teilweise oder sogar voll missachtet. Dadurch entstehen sowohl im Privaten – aber auch Beruflichen enorme Fehler. Hierbei denke ich primär an den großen kaufmännischen Sektor, der praktisch auf jeder Ebene indirekt oder sogar direkt diesbezügliche Möglichkeiten bietet.

Analoges gilt dem Prestigedenken und -handeln. Auch werden von vielen Menschen laufend entsprechende kleine und große Fehler gemacht. Letzteres zeigt sich sodann in einem absolut übertriebenen Lebensstandard oder - was noch schlimmer ist - im rein persönlichen Auftreten.

Jeder Mensch sollte sich in jeder Phase seines Lebens aktiv bemühen, entsprechende Fehler bezüglich Geld und Prestige zu vermeiden oder zumindest auf ein Mindestmaß zu reduzieren. Tut er dies, räumt er automatisch den **inneren und**

ideellen Werten eine weit höhere Bedeutung ein und bewegt sich dadurch auf einem weit höheren Niveau.

Zum Schluss sei noch eine selbstkritische Bemerkung erwähnt. Auch ich habe über Jahre entsprechende Fehler theoretisch und praktisch begangen. Zum Glück erkannte ich nach wenigen Jahren diese absolut falsche Handhabung und zog die entsprechenden Register bezüglich Vertiefung der inneren und ideellen Werte.

Die Lebens- und Wohngewohnheiten

Für jeden Menschen spielen die entsprechenden Lebensgrundlagen eine eminent wichtige Rolle - sie sind es, die die Grundlage des privaten und beruflichen Lebens bilden.

Zu den Lebensverhältnissen zählt vorwiegend der Wohnbereich - er ist es, der praktisch jede Minute auf uns einwirkt.

Hat man obige äußerst wichtige Fakten erkannt, führt dies automatisch dazu, dass man über sein Leben und insbesondere die Wohnverhältnisse mehr als bisher nachdenkt. Hierbei hilft eine **selbstkritische Analyse.**

Führt uns diese zu einem guten oder sogar absolut optimalen Ergebnis, gilt es dies laufend dankbar zu registrieren und möglichst noch zu vertiefen.

Menschen, die sich in einer derartigen wunderschönen individuellen Situation befinden, besitzen alle Voraussetzungen, um **subjektiv und objektiv erfolgreich** zu sein. Dies wirkt sich sodann auch auf die jeweilige nähere subjektive Umgebung absolut positiv aus.

Wer sich dagegen in einer schwierigen oder sogar schlechten Situation befindet, sollte alles daran setzen, eine umfassende Analyse vorzunehmen und sehr bald überlegen, welche Register hinsichtlich einer umfassenden Verbesserung zu ziehen sind. Dass dies in vielen Fällen kaum möglich ist, hat verschiedene Ursachen. Primär liegt es meistens an der persönlichen Umgebung und oft auch an dem **wirtschaftlichen Status quo.**

Derjenige, der im Rahmen seiner Analyse beachtliche Probleme und Widerstände feststellt, sollte die grundsätzliche Verbesserung zumindest in kleinen Schritten - oder aber unter Hinzuziehung eines versierten persönlichen Beraters vornehmen.

Tut man dies, stellt man sehr schnell fest, dass fast immer zumindest eine teilweise Verbesserung der persönlichen und beruflichen Umstände möglich ist und dass man auf dieser aufbauen kann, um anschließend auch eine weit größere Verbesserung zu erwirken.

Obige Ausführungen haben Ihnen mit ziemlicher Gewissheit aufgezeigt, welche enorme Bedeutung die **individuellen subjektiven Verhältnisse** haben und wie wichtig es ist, diese möglichst schon in jungen Jahren zu erkennen und mit Achtung und Liebe aufzubauen und zu pflegen.

Eigene Anmerkungen:

Der Neid

In unserem privaten und beruflichen Leben spielt der Neid eine große Rolle.

Die Ursachen sind verschiedener Natur - sie sind in erster Linie auf die subjektiven und objektiven Gegebenheiten sowie Gene, Charakter und Intelligenzstufe zurückzuführen.

Von beachtlicher Bedeutung ist auch, dass es die verschiedenartigsten **Neid-Varianten** gibt. Letzteres ist primär subjektiver Natur.

Es gilt, den subjektiven Neid möglichst früh zu erkennen und daraus sehr gezielt die entsprechenden Folgerungen zu ziehen, denn nur so kann man seine **subjektive Zielrichtung** planen und insbesondere realisieren. Dass dies sehr oft nicht möglich ist liegt auf der Hand, denn man ist immer wieder, und zwar im Subjektiven und Objektiven, von Dritten abhängig und hat daher meistens gar keine Handhabe um Gegenzusteuern.

Von eminenter Bedeutung ist es für uns Eltern, unsere Kinder möglichst früh auf die Gefahren der **Neidpraxis** aufmerksam zu machen - dies also bei der Erziehung und Ausbildung ganz konsequent zu beachten.

Tun wir dies, dienen wir nicht nur den Kindern und der Jugend, sondern zeigen sehr deutlich die immer wieder erforderliche Gradlinigkeiten.

Um an dieser Stelle auf eine der dominierenden Neid-Varianten einzugehen, sei mit Nachdruck auf den oft im Inneren schlummernden Neid verwiesen. Sie werden immer wieder auf Menschen stoßen, die im Inneren einen beachtlichen

Neidkomplex in sich tragen, der sie stark belastet und zwar deshalb, weil diese Menschen ihr **Unterbewusstsein** in Richtung Neid beeinflussen und oft gar nicht merken was sie damit sich selbst und Dritten antun.

Welche enorme Bedeutung der Neid auch innerhalb von Familien und Verwandtschaften spielt sollte möglichst sehr früh erkannt und analysiert werden, denn nur so kann man sich auf die subjektiven und objektiven Gegebenheiten einstellen.

Der monotone Tages- und Lebensablauf

Man sollte immer wieder selbstkritisch darüber nachdenken, ob eine Verbesserung des privaten und beruflichen Tagesablaufes erforderlich ist, denn vieles hat sich oft im Laufe der Zeit in Richtung Monotonem entwickelt.

Betrachtet man den Ablauf der einzelnen Dinge die sich z.B. bereits am Morgen zeigen, so ist sicherlich oft festzustellen, dass eine Änderung und somit Verbesserung des Zeitplanes Vorteile bringen würde, und zwar dann, wenn man die bekannten Dinge etwas früher einleitet und anpackt. Schon die Vorverlegung um eine halbe oder sogar eine Stunde führt in vielen Fällen zu einer beachtlichen Verbesserung. Letzteres insbesondere dann, wenn man in einer Familie lebt und mehrere Mitglieder die Gewohnheit haben zum gleichen Zeitpunkt aufzustehen.

Es steht fest, dass ein frühzeitiger Beginn automatisch **die Individualität** stärkt. Der Betreffende versetzt sich nämlich in die Lage einen Zeitplan und insbesondere die Ausführung alleine zu bestimmen und zu realisieren. Schon dies bringt eine beachtliche Verbesserung, die sich sodann auch absolut positiv auf den weiteren Tagesverlauf auswirkt.

Analoges gilt für die übrigen Tageszeiten - auch hier sollte man immer wieder bestrebt sein seine eigenen **Schwerpunkte** im Auge zu haben und zu setzen. Das Monotone führt in vielen Situationen zu einer problematischen Bequemlichkeit.

Wer in kleinen, zunächst erst unwichtig erscheinenden Dingen, eine Vitalität und Flexibilität an den Tag legt, zeigt automatisch seine aktive Grundlinie.

Die Erhabenheit

Die Erhabenheit ist rein subjektiver Natur und setzt einiges voraus. Hierbei denke ich in erster Linie an die jeweilige geistige Verfassung und die private oder berufliche Situation und Position. Schon in diesen wenigen Worten zeigt sich ihre enorme Bedeutung.

Wer im Rahmen einer selbstkritischen Analyse seinen Grad der Erhabenheit prüft, zeigt an, dass er der Erhabenheit eine beachtliche Rangstelle einräumt.

Tut man dies, so spürt man sehr schnell die enormen Vorteile. Sie liegen in der Abgeklärtheit wie der beachtlichen geistigen Stellung. Letzteres deshalb, weil eine Erhabenheit nur dann praktiziert werden kann, wenn zumindest eine gewisse oder sogar eine **beachtliche Intelligenzstufe** angestrebt oder sogar bereits vorhanden ist.

Wichtig ist, dass die Erhabenheit auf keinen Fall in eine Arroganz umschlagen darf, denn dies wäre sowohl im Privaten wie auch Beruflichen von beachtlichem Nachteil.

Entsprechende positive und negative Beispiele können Sie in Ihrer näheren und weiteren Umgebung laufend beobachten und sollten aus ihnen individuelle Schlüsse ziehen.

Die Transparenz

Gerade in der heutigen Zeit ist es von eminenter Bedeutung, sich laufend - und zwar im Privaten wie im Beruflichen - äußerst transparent zu zeigen. Nur so zeigen wir den anderen, dass wir immer bemüht sind **unsere Geradlinigkeit** dominieren zu lassen.

Dass dies oft sehr schwer ist liegt auf der Hand, denn unser Leben, das zu einem beachtlichen Prozentsatz sehr unnatürlich geworden ist, hat uns in Bahnen geworfen, die oft zu wenig Geradlinigkeit beinhalten. Die Ursachen sind verschiedenster Natur - es sind dies:
- die unnatürliche Umgebung und Lebensweise,
- Erziehung und Ausbildung,
- Überbewertung von Prestige und Geld.

Schon diese kurze Auflistung zeigt Ihnen sehr deutlich, dass wir hinsichtlich der unbedingt erforderlichen Transparenz laufend mit beachtlichen Schwierigkeiten zu rechnen haben.

Täglich können Sie Beispiele beobachten wo Menschen ihr **antitransparentes Gesicht** unbewusst oder bewusst zeigen - sie sind es, die durch dieses problematische Auftreten in erster Linie sich selbst Schaden zufügen.

Es gilt Obiges zu erkennen und sodann die entsprechenden Register zu ziehen. So erhöhen wir den Grad der **Transparenz.**

Die Arroganz

Ein Thema, das eine große Bedeutung hat. Gerade in der heutigen Zeit gibt es viele Menschen die die Arroganz in sich tragen und laufend praktizieren.

Die Ursachen sind verschiedener Natur. Oft werden sie über die Gene vererbt. Analog verhält es sich mit der Erziehung sowie dem täglichen subjektiven und objektiven Umgang.

Dass es die verschiedenartigsten Variationen der Arroganz gibt ist primär darauf zurückzuführen, dass jeder Mensch verschiedenartig und der subjektive Umgang sehr unterschiedlich ist.

Die Praxis der Arroganz zeigt sich primär in dem persönlichen Auftreten.

Es liegt auf der Hand, dass ein falsches Auftreten einen **negativen Kern** in sich trägt. Etwas überspitzt ausgedrückt kann man auch sagen, dass Arroganz oft auch ein Zeichen einer gewissen Dummheit ist.

Manchem Leser mögen obige Worte und Fakten hart vorkommen - doch mir kommt es erneut darauf an Ihnen sehr deutlich aufzuzeigen, welche Dinge unser tägliches Privat- und Berufsleben bestimmen und wie wichtig es ist dies zu erkennen.

Ich habe immer wieder festgestellt, dass die Arroganz in allen Schichten zu Hause ist und dass es kaum Menschen gibt, die ihre Arroganz erkennen - ganz zu schweigen davon, dass sie nicht innerlich in der Lage sind das Fehlverhalten zu ändern.

Eine Arroganz ist auch deshalb problematisch und verwerflich, weil sie den Aufbau von **zwischenmenschlichen Beziehungen** behindert oder sogar unmöglich macht.

Es steht fest, dass bei vielen Betreffenden die Arroganz ihre Ursache auch im übertriebenen wirtschaftlichen Denken und dem Prestige hat.

Selbstkritisch sei vermerkt, dass ich in einer ganzen Reihe beruflichen Situationen arrogant aufgetreten bin. Letzteres wirkte sich absolut negativ auf die zwischenmenschlichen Beziehungen sowie Erfolge aus.

Nachdem ich die negativen Ergebnisse feststellte, zog ich zum Glück entsprechende Register, und zwar im Hinblick auf eine entscheidende Verbesserung meiner Taktik und konnte sodann diesbezügliche persönliche und berufliche Vorteile verbuchen.

Die Gefühle

In jeder privaten und beruflichen Phase gilt es, die eigenen Gefühle zu erkennen und mitschwingen zu lassen. Nur so ist man in der Lage, sein **eigenes ICH** zu zeigen und insbesondere zu aktivieren. Dass es bezüglich der Gefühle die verschiedenartigsten gibt, bedarf keiner besonderen Betonung. Primär sind die rein menschlichen Gefühle von enormer Bedeutung – sie sind es, die wir immer wieder erkennen und konsequent einsetzten sollten. Nur dadurch versetzt man sich in die Lage, die eigene Person zu zeigen und insbesondere mitschwingen zu lassen. Die größte Bedeutung haben die Gefühle im rein privaten Sektor. Hierbei denke ich insbesondere an die Liebe zwischen den Partnern, Eheleuten und insbesondere zu den Kindern.

Wer hier nicht nur richtig liegt, sondern sich laufend aktiv bemüht, ausgesprochen optimale Reaktionen zu zeigen, liegt nicht nur richtig, sondern er ist es, der genau weiß, was bezüglich der **zwischenmenschlichen Beziehung** zu tun ist. Es liegt auf der Hand, dass eine volle Gefühlsbetonung nicht zum Nulltarif zu haben ist. Letzteres deshalb, weil wir stets angehalten sind, den **persönlichen Willen** voll zu aktivieren.

Aufgrund der bekannten weit verbreiteten Hektik, die in vielen Familien und Betrieben dominiert, wird fast immer ganz automatisch die Zuneigung und insbesondere die Liebe teilweise oder sogar voll vernachlässigt. Was dadurch für Probleme und oft sogar enorme Schwierigkeiten entstehen, bedarf keiner besonderen Erläuterung. Hierbei denke ich u.a. an die vielen rein subjektiven Verletzungen, die sodann oft gar nicht mehr zu korrigieren sind.

Analoges gilt - wenn auch in anderer Form - für die beruflichen Gefühle und Beziehungen. Auch hier gilt es, stets das eigene Ich mitschwingen zu lassen. Nur so kann man synchronisiert - oder wie man es nennen will - vorgehen.

Im Beruflichen können Sie immer wieder Menschen beobachten, die sich hinsichtlich der persönlichen Verbindungen und somit auch Gefühle problematisch oder sogar falsch verhalten. Dadurch treten oft nicht nur Abneigungen und Spannungen auf, sondern, es stellen sich auch entsprechende Misserfolge ein.

Die Bequemlichkeit

In unserem Leben spielt die Bequemlichkeit eine beachtliche Rolle. Die Ursachen sind verschiedener Natur und liegen ausschließlich im Subjektiven. Hierbei denke ich vorwiegend an die persönlichen Verhältnisse einschließlich der entsprechenden Umgebung und dem derzeitigen Wohlstand. Hinzu kommt, dass der eigene Wille eine große Rolle spielt und dieser bei Menschen, die die Bequemlichkeit lieben und praktizieren, meistens schwach ist.

Oft sind die Betreffenden auch mit ihrem Ist-Zustand unzufrieden und entfalten daher keinerlei Aktivitäten. Weiterhin spielt oft die entsprechende nicht sehr hoch angesiedelte Intelligenzstufe eine beachtliche Rolle.

Obige Ausführungen zeigen Ihnen deutlich die beachtliche Vielfalt der Ursachen der Bequemlichkeit auf.

Wer sich in einer Phase der Bequemlichkeit befindet ist gehalten eine selbstkritische Analyse vorzunehmen und entsprechende Register hinsichtlich einer konkreten Verbesserung vorzunehmen. Nur so lässt sich die subjektive und somit auch objektive Situation entscheidend verbessern.

Der Start in den Morgen

Es lohnt sich immer über die privaten und beruflichen Dinge, die man sich für den entsprechenden Tag vorgenommen hat, früh genug nachzudenken.

Menschen die im Berufsleben stehen, sollten sogar möglichst schon am Abend vorher mehrfach zum Notizblock greifen - sich also entsprechende Notizen bezüglich ihrer geplanten Tätigkeiten machen.

Um noch konkreter auf das Thema einzugehen sei noch folgendes ausgeführt: Es empfiehlt sich, hinsichtlich der einzelnen Notizen, eine entsprechende Rangstufe zu wählen - also die wichtigen Dinge im oberen Bereich des Notizblockes zu notieren. Natürlich können Sie die Notizen auch auf einem Diktiergerät oder im Internet festhalten.

Wer dies schon in jungen Jahren erkennt und sodann konsequent praktiziert, wird sehr schnell feststellen, dass diese Taktik - oder wie Sie es nennen wollen - ihm viel einbringt. Hierbei denke ich nicht nur an die beruflichen Erfolge, sondern auch an die Vertiefung bestimmter Beziehungen - sei es privat oder beruflich.

Obiges klingt sehr einfach - ist jedoch deshalb nur mit einem starken Willen zu realisieren, weil wir immer wieder durch Dritte privat und beruflich abgelenkt werden. Letztere sind es, die oft - um es milde auszudrücken - nicht sehr geschickt vorgehen. Ganz zu schweigen davon, dass Sie es immer wieder mit Menschen zu tun haben, deren Intelligenzstufe keinen allzu hohen Stellenwert hat.

Die Technisierung unserer diesbezüglichen Aufgaben und Arbeiten sollte möglichst dazu führen, dass man zumindest ein wenig mehr der individuellen Freizeit widmet. Letzteres insbesondere dann, wenn man eine bestimmte Existenz-Stufe hinsichtlich **Erfolg und Prestige** erreicht hat.

Diejenigen, die dies anders sehen - also nach wie vor gezielt und übertrieben nach Prestige und Geld konsequent streben, merken meistens nicht oder viel zu spät, welchen problematischen, oder sogar verhängnisvollen Weg sie beschritten haben.

Es steht für mich völlig außer Zweifel, dass eine entsprechende Handhabung für den Betreffenden und seine nähere und weitere Umgebung äußerst problematisch - also meistens absolut falsch ist.

Obige Ausführungen haben Ihnen konkret und deutlich aufgezeigt, welche Bedeutung unsere tägliche **subjektive und objektive Planung** hat und dass es immer wieder gilt entsprechende Schwerpunkte zu setzen.

Eigene Anmerkungen:

Die Schwerpunktbildung

Wie bereits in anderen Kapiteln ausgeführt, ist es unbedingt erforderlich laufend bestimmte Schwerpunkte zu setzen. Dies gilt sowohl für das Private wie insbesondere für das Berufliche. Nur so lässt sich ein aktives Leben gestalten und führen.

Wer dies erkannt hat und sodann konsequent verfolgt, befindet sich automatisch auf dem Weg des Erfolges.

Die Schwerpunktbildung hängt in erster Linie von dem Alter sowie der Aus- und Fortbildung ab. Hinzu kommt, dass der persönliche Wille eine dominierende Rolle spielt.

Ich habe immer wieder beobachtet, dass viele Menschen sich viel zu sehr mit NEBENSÄCHLICHKEITEN befassen. Dies zeigt oft eine gewisse oder sogar beachtliche menschliche SCHWÄCHE an. Eine subjektive und fachliche Verbesserung ist sodann sehr angebracht.

Eigene Anmerkungen:

Geduld - Geduld . . .

Wir sind gehalten möglichst in jeder privaten und beruflichen Situation unsere Geduld konsequent zu praktizieren.

Wer dies schon in jungen Jahren erkennt und laufend an den Tag legt wird sehr schnell merken, dass ihm dies eine enorme **Freude und Liebe** bringt, denn er ist es der die Zeichen der Zeit erkannt hat.

Letzteres klingt leicht - ist aber von einer Reihe grundsätzlicher Dinge abhängig. Hierbei denke ich primär an die Gene, das Elternhaus sowie die enorm wichtigen privaten und beruflichen Dinge, die sich täglich konkret zeigen und dadurch eine enorme Wichtigkeit in sich tragen.

Stoßen Sie auf Menschen die die Geduld bewusst an den Tag legen, sollten Sie diese beispielhafte Haltung nicht nur beobachten sondern möglichst nachahmen.

Es liegt auf der Hand, dass man nur dann eine gewisse oder sogar beachtliche Geduld praktizieren kann, wenn man zumindest eine gewisse **Intelligenzstufe** erreicht hat.

Eine optimale geduldige Haltung ist auch deshalb schwer, weil viele Menschen - wie an anderer Stelle bereits erläutert - zu dem großen Menschenkreis gehören, der leider Geld und Prestige in den Vordergrund geschoben hat. Diese Menschen befinden sich in meinen Augen deshalb auf einem problematischen oder sogar falschen Weg, weil sie die **inneren und ideellen Werte** nicht erkannt haben. In der Regel lernen sie dies auch in späteren Jahren nicht mehr, denn es ist schwer die eigene persönliche Richtung entsprechend selbstkritisch zu sehen und sodann entsprechende Register, hinsichtlich entscheidender Verbesserungen, zu ziehen.

Vor einigen Jahren habe ich einen nahen Verwandten (Dr. jur.) stark beobachtet. Seine privat und beruflich laufend an den Tag gelegte Geduld war absolut beispielhaft - auch deshalb, weil er es voll verstand - trotz beachtlicher finanzieller Schwierigkeiten - gegenüber seiner Frau und den beiden Kindern Geduld zu zeigen und konsequent zu praktizieren.

Wer eine gewisse Ungeduld in sich trägt, sollte so früh wie möglich eine selbstkritische Analyse vornehmen und sodann entsprechende Register hinsichtlich grundlegender Verbesserung ziehen. Tut er dies, so wird er sehr schnell merken, dass er sich nunmehr auf einem wunderschönen **Pfad der Mit-Menschlichkeit und des Erfolges** befindet.

Die täglichen Gewohnheiten

Jeder Mensch unterliegt ständig bestimmten Gewohnheiten. Diese sind das Ergebnis der familiären Historie sowie seiner Aus- und Fortbildung.

Es lohnt sich, immer wieder über die angeeigneten Gewohnheiten nachzudenken und selbstkritisch zu prüfen ob man richtig liegt. Stellt man fest, dass man richtig liegt, gilt es insbesondere eine Schwerpunktbildung durchzuführen - sie führt sodann zur Verbesserung der privaten und beruflichen Ergebnisse.

Wer im Rahmen einer selbstkritischen Analyse feststellt, dass er hinsichtlich seiner täglichen Gewohnheiten falsch liegt, ist unbedingt gehalten, entsprechende Verbesserungen zu planen und insbesondere durchzuführen. Letzteres setzt einen starken Willen sowie diesbezügliche Möglichkeiten und insbesondere eine gewisse oder sogar beachtliche Intelligenzstufe voraus.

Aus obigen Bemerkungen können Sie u.a. erneut erkennen welche große Bedeutung die Aus- und Fortbildung haben.

Unser tägliches Leben ist bekanntlich im hohen Maße von unserer subjektiven und auch objektiven Umgebung bestimmt. Wer hier richtig liegt, bewegt sich in einem **privaten Optimum,** das eine hervorragende Grundlage für das tägliche Leben und einen Aufstieg beinhaltet.

Ganz anders sieht es bei denjenigen aus die hinsichtlich ihrer unmittelbaren Umgebung Schwierigkeiten haben - sie sind es, die laufend auf Widerstände stoßen und dadurch in ihrer Entwicklung behindert werden.

Wer keine Möglichkeiten hat eine entscheidende Verbesserung vorzunehmen, sollte prüfen, ob eine Beratung durch Dritte möglich ist.

Um noch etwas mehr in die Lebenspraxis zu gehen sei darauf hingewiesen, dass man laufend auf Menschen stößt, die mit ihrem eigenen Leben kaum oder sogar gar nicht zurechtkommen. Die Gründe sind verschiedener Natur und liegen primär im Persönlichen.

Eigene Anmerkungen:

Der tägliche Zeitdruck

In unserer schnelllebigen Zeit stehen fast alle Menschen unter einem beachtlichen Zeitdruck. Die Ursachen liegen m.E. in erster Linie an dem weitgehend unnatürlichen Leben sowie an dem übertriebenen wirtschaftlichen Denken. Wir haben uns nämlich in eine Richtung bewegt, die in meinen Augen problematisch ist und von vielen Menschen möglichst verbessert werden sollte.

In allen Fällen kann sich nur derjenige von dem Zeitdruck befreien, der die Probleme erkennt und aus Gründen seiner privaten und beruflichen Rangstufe sowie seines finanziellen Fundamentes in der Lage ist andere, nämlich weit ideellere Register zu ziehen.

Wer dagegen zum **Spielball Dritter** geworden ist, hat oft nicht mehr die Möglichkeit sein Leben entscheidend zu verbessern. Er ist es, der immer wieder von Dritten beeinflusst wird. Er ist also kaum noch mehr Herr seiner Gedanken und somit subjektiven und beruflichen Entscheidungen.

Viele erkennen diese schlimme Situation nicht, oder aber verfügen längst nicht mehr über die Kräfte und Möglichkeiten einer entscheidende Verbesserung. Oft liegt es auch daran, dass der Betreffende sich schon eine beachtliche Zeit verzettelt und dadurch sein Leben nicht mehr voll im Griff hat.

Derjenige, der sich in einer derartigen problematischen Situation befindet, sollte dies selbstkritisch überdenken und sodann entsprechende Schritte einleiten. Nur so kann man sich von diesem Druck befreien und sein Leben auf eine bessere Grundlage der Mitmenschlichkeit stellen.

Das Neue

Jeder Mensch sollte bezüglich des Neuen unbedingt offen sein. Nur so kann man die eigene **private und berufliche Basis** erkennen und insbesondere verbessern. Letzteres klingt sehr einfach - ist jedoch hinsichtlich einer konkreten Realisierung deshalb schwer, weil es meistens einen starken Willenseinsatz erfordert.

Wer schon in jungen Jahren die Zeichen der Zeit erkannt hat, spürt sehr schnell den enormen Vorteil, der praktisch immer mit jedem Neuen verbunden ist. Dies gilt für unser tägliches Leben - sowohl privat wie beruflich.

Ganz anders sieht es bei denjenigen aus, die hinsichtlich neuer Dinge eine gewisse Scheu oder sogar Ablehnung an den Tag legen. Sie sind es, die vom Inneren her in eine gewisse oder sogar beachtliche Igelstellung gehen. Die meisten dieser Menschen sind auch über Jahre nicht bereit das Ruder herumzureißen. Die subjektiven Ursachen sind verschiedener Natur - sie liegen primär im persönlichen Willen und der entsprechenden Intelligenzstufe.

Eigene Anmerkungen:

Das Primäre und seine Praktizierung

In den subjektiven und objektiven Dingen gilt es entsprechende Rangstufen zu setzen.

Wer dies möglichst laufend tut, setzt ganz wichtige Schwerpunkte. Er ist es, der die einzelnen Dinge im Unterbewusstsein ordnet und sich laufend bemüht, die unwichtigen von den wichtigen Dingen zu trennen.

Schon diese Einstufung stellt einen beachtlichen Erfolg dar, und zwar deshalb, weil man dadurch das Primäre höher einstuft als die sekundären Dinge.

Eine derartige Einstufung können allerdings nur Menschen - ganz gleich welchen Alters - vornehmen, die genau wissen welche Chancen bestehen und wie diese möglichst schnell zu realisieren sind.

Zu einer derartigen Handlungsweise gehört nicht nur eine beachtliche Intelligenzstufe, sondern auch eine innere Kraft, die immer wieder das Fundament jeglichen Handelns ist.

Wer so - wie oben beschrieben - vorgeht, wird bereits nach kurzer Zeit merken, dass er sich auf dem richtigen Weg befindet. Die entsprechenden Erfolge setzen neue Kräfte frei, die auch die subjektive Zukunft absolut positiv beeinflussen.

Dass es bezüglich des Primären und des Sekundären die verschiedensten Varianten gibt, liegt auf der Hand und ist in erster Linie auf die verschiedenartige Veranlagung des Menschen und die unterschiedlichen Lebens- und Wohnverhältnisse zurückzuführen.

Der STATUS QUO -
insbesondere im Hinblick
auf Charakter und Niveau

Für jeden Menschen ist der entsprechende Status quo von eminenter Bedeutung - er ist es, der sowohl im Privaten wie auch Beruflichen den derzeitigen Stand - sei es positiv oder negativ - anzeigt.

Der derzeitige Stand der einzelnen Dinge ist - vereinfacht ausgedrückt - historisch bedingt - er beruht primär auf den subjektiven Dingen der Vergangenheit. Hierbei spielen Gene, Elternhaus, Aus- und Fortbildung die entscheidende Rolle. Außerdem wird er im hohen Maße von dem Willen beeinflusst.

Obige Fakten zeigen Ihnen erneut äußerst deutlich, welche Bedeutung unsere persönliche Vergangenheit hat.

Hierbei denke ich an die jeweilige Aus- und Fortbildung - sie sind es, die in hohem Maße unseren Status quo aufzeigen.

Aus obigen Schilderungen können Sie auch indirekt entnehmen, dass wir stets bemüht sein sollten, die Zeit möglichst ganz aktiv zu nutzen - nur so versetzt man sich in die Lage, auf dem derzeitigen Stand aufzubauen - dadurch schafft man ein positives Fundament für die eigene **subjektive und objektive Zukunft.**

Aktivität und Stetigkeit

Eine gezielte Aktivität setzt bestimmt Dinge voraus. Hierzu gehören die persönliche Veranlagung, Elternhaus, Erziehung und Aus- sowie Fortbildung.

Diese Auflistung zeigt Ihnen sehr deutlich, dass jede Aktivität nur dann möglich ist, wenn die entsprechenden äußerst wichtigen Voraussetzungen teilweise oder sogar ganz vorliegen.

Hinzu kommt, dass jede Arbeit einen gewissen oder sogar starken Willen voraussetzt. Liegt dieser vor, gelingt es leicht sich in Richtung des entsprechenden Optimums zu bewegen.

Dass hinsichtlich Aktivität eine enorme Vielfalt gegeben ist, liegt auf der Hand und ist primär auf die unterschiedlichen subjektiven und objektiven Gegebenheiten zurückzuführen. Hinzu kommt, dass wir nur dann aktiv tätig werden können, wenn unser Verhältnis zu der näheren persönlichen Umgebung gut oder optimal ist. Dass es bezüglich letzterem große Varianten gibt, bedarf keiner besonderen Erläuterung.

Hat man die angestrebte Aktivität weitgehend oder sogar voll erreicht, gilt es die erforderliche Stetigkeit mit einzukalkulieren.

Wenn Sie sich in Ihrer näheren und weiteren Umgebung einmal umsehen, werden Sie sehr schnell feststellen, dass sich viele Menschen von Dritten viel zu stark ablenken lassen - dadurch entsteht eine gewisse oder sogar beachtliche Passivität, die man nur dann ändern kann, wenn man seine derzeitige Lage selbstkritisch analysiert und entsprechende

Schritte hinsichtlich einer entscheidenden Verbesserung konsequent einleitet und insbesondere vollzieht.

Von eminenter Bedeutung ist neben der Aktivität auch die Stetigkeit. Diese ist möglichst von Anfang an zu beachten und konsequent anzustreben. Hierbei denke ich an die vielen Aufgaben und Dinge, die sich fast laufend wiederholen - also zu unserem täglichen Leben gehören. Menschen, die die Stetigkeit stets mit im Auge haben und erwirken, besitzen meistens eine beachtliche **innere Ruhe**, die in jeder privaten und beruflichen Phase von großer Bedeutung ist - sie sollte also ein wichtiges Fundament darstellen.

Die subjektive Historie

Für jeden Menschen ist seine eigene Vergangenheit von eminenter Bedeutung - sie ist es, die in kleinen und großen Dingen immer wieder mitschwingt - also die Richtung vorgibt.

Die Grundlagen der jeweiligen Vergangenheit sind Gene, Herkunft, persönliche Umgebung sowie der entsprechende Bildungsstand.

Schon diese Auflistung zeigt Ihnen wie sehr es immer wieder darauf ankommt, **die persönliche Vergangenheit** zu erkennen und alles zu tun, um sie zu fördern. Letzteres ist primär durch den Einsatz eines starken Willens möglich.

Von großer Bedeutung ist auch die jeweilige subjektive und objektive Umgebung - ist diese optimal, liegen alle Voraussetzungen vor, um auf dieser Grundlage weiter aufzubauen.

Ganz anders sieht es bei denjenigen Menschen aus, die täglich mit entsprechenden Schwierigkeiten zu kämpfen haben. Wer zu diesem Personenkreis gehört, sollte unbedingt sehr bald eine **selbstkritische Analyse** durchführen und sodann die entsprechenden Register hinsichtlich einer grundlegenden Verbesserung ziehen. Wer dies nicht alleine schafft, sollte sehr bald einen entsprechenden versierten Berater zuziehen.

Ich kenne eine ganze Reihe von absolut positiven persönlichen Beispielen. Hierbei denke ich primär an die erfolgreichen Menschen, die sowohl privat wie geschäftlich ihren Weg konsequent und absolut erfolgreich gegangen sind. Das jeweilige Positivum führte meistens auch bei der näheren Umgebung - hierbei denke ich primär an die Kinder - zu wunderschönen und erfolgreichen Reaktionen.

Ganz anders sieht es bei Menschen aus, die sich aufgrund ihrer problematischen Historie und einer **negativen Umgebung** in einem negativen Kreislauf befinden. Sie sind es, die von ihrer eigenen negativen Vergangenheit immer wieder indirekt oder sogar direkt geleitet werden. Meistens haben sie nicht die Kraft das Ruder herumzureißen.

In derartigen schwierigen Fällen gilt es einen versierten Berater - z.B. Pädagogen - hinzuzuziehen.

Die ersten Reaktionen

Jeder Mensch reagiert in privaten und beruflichen Dingen anders. Man könnte auch sagen die ersten Reaktionen sind immer primär subjektiv bedingt.

Die Ursachen sind verschiedener Natur - sie fußen vorwiegend auf der persönlichen Historie. Zu der jeweiligen Vergangenheit gehören neben den Genen und dem Elternhaus nicht zuletzt der derzeitige Bildungsstand und insbesondere der eigene Wille.

Es gilt sich dessen immer wieder bewusst zu sein, denn nur so versetzt man sich in die Lage möglichst absolut **synchronisiert** aufzutreten. Wer dies bewusst tut, befindet sich nicht nur auf dem richtigen Weg, sondern er ist es, der sehr gezielt akquiriert. Entsprechende absolut positive Beispiele können Sie laufend beobachten. Meistens stellen diese ein beispielhaftes Verhalten dar.

Ganz anders sieht es bei denjenigen aus, die es nicht oder höchstens nur teilweise verstehen, bei den ersten Reaktionen die Dinge der Mitmenschlichkeit stark mitschwingen zu lassen. Die Ursachen dieses problematischen Verhaltens sind verschiedener Natur und liegen sehr stark im Subjektiven.

Natürlich spielen auch - insbesondere im Berufsleben - die fachlichen und nicht zuletzt die objektiven Dinge eine beachtliche Rolle. Wer im Rahmen einer selbstkritischen Analyse feststellt, dass seine Erstreaktionen einer Verbesserung bedürfen, sollte sehr bald entsprechende Initiativen ergreifen und den Fragen der Mitmenschlichkeit sowie der Synchronisierung eine weit größere Bedeutung einräumen.

Persönliche und berufliche Altlasten

Es ist immer wieder erforderlich, die eigene private und berufliche Situation zu überdenken. Hierbei kommt es primär auf die grundsätzlichen Dinge an - haben sich diese bisher positiv entwickelt, gilt es, auf dieser Grundlage weiter aufzubauen.

Fast jeder Mensch muss sich in seinem Leben mit entsprechend kleinen oder sogar großen Altlasten befassen. Diese sind von Mensch zu Mensch verschieden - und zwar deshalb, weil jeder andere Voraussetzungen vorfindet. Hinzu kommt, dass wir immer wieder von Dritten - sei es die eigenen Familienangehörigen oder Fremde - abhängig sind. Letztere sind es, die laufend auf unsere privaten und auch beruflichen Dinge indirekt oder sogar direkt Einfluss nehmen.

Die jeweiligen Altlasten des Einzelnen sind von folgendem abhängig:
- subjektive Herkunft,
- persönliche und objektive Umgebung,
- Grad der Ausbildung,
- persönlichen Willen.

Die aufgezeigten Fakten zeigen Ihnen die große Bedeutung der entsprechenden Altlasten an.

Hat man die eigene Sachlage aufgrund einer selbstkritischen Analyse erkannt, gilt es, die entsprechenden Register hinsichtlich einer möglichst konsequenten Ablegung der Altlasten vorzunehmen. Nur so befreit man sich von ihnen und schafft sich dadurch Raum für neue wichtige persönliche und berufliche Dinge.

Wenn Sie sich in Ihrer näheren und weiteren Umgebung umsehen, werden Sie immer wieder auf Menschen stoßen, die ihre Altlasten oft seit Jahren mit sich herumschleppen und nicht die Kraft haben sie abzulegen. Eine derartige Praktizierung trägt eine enorme Schwäche in sich - sie ist es, die das tägliche Leben immer wieder absolut negativ beeinflusst.

Lassen Sie mich ein Beispiel aus meiner beruflichen Praxis schildern.

Ein von mir vor Jahren betreuter Geschäftsmann hatte sich nach vierjähriger äußerst problematischer Ehe endlich dazu entschlossen, seine privaten Verhältnisse neu zu ordnen.

Der Betreffende konnte seinen gefassten Entschluss hinsichtlich der vollen Trennung zunächst deshalb nicht durchführen, weil er immer wieder auf die von dritter Seite geschickt vorgetragenen Querschüsse einging. Diese Inkonsequenz kostete ihn enorme Kräfte.

Nachdem er immer wieder seine äußerst problematische Situation umfassend analysiert hatte, entschloss er sich endlich, eine volle Trennung vorzunehmen; sie führte dazu, dass er nunmehr endlich den geraderen Weg ging. Sehr schnell zeigten sich die großen Vorteile seines konsequenten Entschlusses. Bereits nach kurzer Zeit fand er neue zusätzliche Kräfte, die ihm bei seinem persönlichen und beruflichen Um- und Ausbau viel nutzten. Die neue Verbindung zu einer liebevollen Frau führte zur vollständigen Ablegung der subjektiven Altlasten. Zusätzlich wurden neue Kräfte freigesetzt. Die grundsätzliche Verbesserung hielt über viele Jahre und zeigte sich primär in Freude, Liebe und Erfolg.

Der eng begrenzte Rahmen

Man kann immer wieder feststellen, dass viele Menschen einen viel zu engen Rahmen haben - dies gilt sowohl subjektiv wie objektiv. Die Ursachen sind verschiedener Natur und liegen in der Regel in der familiären und beruflichen Historie sowie Aus- und Fortbildung.

Wer von Kind an in Richtung eines begrenzten Rahmens erzogen wurde, hat es schwer, eines Tages das Ruder herumzureißen. Letzteres deshalb, weil die **subjektive Historie** fast immer wieder durchschlägt.

Es gilt, die persönlichen Fakten möglichst früh zu erkennen und daraus entsprechende Schlüsse zu ziehen. Die Chance liegt gerade heute in einer besseren und umfangreichen Aus- sowie Fortbildung.

Ist man selbst nicht in der Lage eine beachtliche Verbesserung vorzunehmen, gilt es, sich von Dritten - z.B. Eltern, Vorgesetzten oder Pädagogen - beraten zu lassen.

Sind die ersten Schritte Richtung Erweiterung des subjektiven und beruflichen Rahmens getan, spürt man sehr schnell, dass man auf dem richtigen Weg ist und auf den Anfangserfolgen aufbauen kann. Hinzu kommt, dass das Leben nunmehr eine beachtliche Wende in Richtung einer verbesserten Grundeinstellung erfahren hat.

Wer es versteht den subjektiven und objektiven Rahmen immer wieder zu erweitern, spürt sehr schnell, dass er seine persönliche und berufliche Basis beachtlich verbessert.

Vergangenheit ist Zukunft

Es gilt die eigene Vergangenheit immer wieder zu erkennen und in allen Phasen mitschwingen zu lassen - nur so lässt sich die Zukunft planen und insbesondere realisieren.

Wer obigen Grundsatz schon in jungen Jahren erkennt liegt absolut richtig. Er ist es der sich auf die derzeitigen Gegebenheiten einstellt - also seine **eigene Familienhistorie** als persönliche Basis ansieht.

So verschieden wie wir Menschen sind, ist auch die jeweilige Vergangenheit. Hinzu kommt, dass sich seit eh` und je` die einzelne subjektiven und objektiven Fakten immer wieder verändern. Letzteres erfordert also eine ganz **beachtliche Flexibilität.**

Wer dies erkennt und sodann in seine Überlegungen und Handlungen einbezieht, befindet sich nicht nur auf dem richtigen Weg, sondern er ist es, der dadurch eine **beachtliche Intelligenz-Stufe** anzeigt.

Ich habe immer wieder Menschen kennen gelernt, die obiges voll berücksichtigt haben. Sie waren es, die durch diese Handhabung ihr persönliches und berufliches Fundament zeigten und auf ihnen hervorragend aufbauen konnten.

Ganz anders sieht es bei den Menschen aus, die meinen, sie müssten ihre alte Vergangenheit zur Seite schieben.

Ich halte ein derartiges Vorgehen für absolut falsch - ganz zu schweigen davon, dass sie dadurch Dritten zeigen, dass sie von ihrer **eigenen Vergangenheit** selbst nichts mehr wissen wollen.

Der problematische Tages-Rhythmus

Wie Ihnen bereits in anderen Kapiteln unterbreitet, kommt es sehr darauf an, den Tagesablauf möglichst immer optimal zu gestalten.

Dies sagt sich leicht - ist jedoch für viele nicht einfach. Hierbei denke ich an die sehr verschiedenen persönlichen und objektiven Verhältnisse, die in der entsprechenden Person und in der unmittelbaren Nähe des Betreffenden herrschen.

Entsprechende gute Voraussetzungen haben nur die Menschen, die hinsichtlich ihrer Gene, Elternhaus sowie dem jeweiligen Bildungsstand entsprechend gesegnet sind - sie sind es, die sich immer in der Vorhand befinden - also den anderen mehr oder weniger den Rang ablaufen.

Bei der täglich erforderlichen Tagesplanung gilt es, sich ständig zu bemühen zwischen unwichtigen und wichtigen Dingen zu unterscheiden - also entsprechende Schwerpunkte zu setzen. Nur so lässt sich ein überdurchschnittliches Ergebnis erzielen.

Ganz anders sieht es bei denjenigen aus, die hinsichtlich der o.g. Uranlage im gewissen Umfang oder sogar zu einem hohen Grade benachteiligt sind - sie sind es, die sich praktisch täglich im Kreis des Negativen bewegen. Meistens sind sie auch nicht in der Lage die eigene Situation selbstkritisch zu analysieren, um sodann Wege einer entscheidenden Verbesserung einzuschlagen.

Dass letzteres auch oft ein Zeichen einer nicht allzu hohen Intelligenzstufe ist, bedarf keiner besonderen Erläuterung.

Die weit verbreitete Voreingenommenheit

In vielen Situationen können Sie immer wieder feststellen, dass die meisten Menschen sehr voreingenommen sind. Letzteres ist insbesondere auf die - um es milde auszudrücken - geistige Haltung sowie unseren viel zu großen und unnatürlichen Wohlstand zurückzuführen. Beides hat dazu geführt, - und daran wird sich auch in Zukunft kaum etwas ändern - dass die Menschen es sowohl im Privaten wie Beruflichen immer wieder vorziehen, ihre bereits seit Jahren gefestigte Meinung zu praktizieren. Letzteres ist für die Betreffenden natürlich viel einfacher als sich mit Argumenten der Gegenseite auseinanderzusetzen.

Menschen die ein beachtliches persönliches und geistiges Format haben, praktizieren in der Regel keine Voreingenommenheit - sie sind es, die die Argumente des anderen in Ruhe anhören und sich sodann erst eine eigene Meinung bilden.

Obige Argumente haben Ihnen sicherlich gezeigt, wie wichtig es immer wieder ist, möglichst jede Voreingenommenheit vom Grundsatz her zu vermeiden. Letzt erwähntes sollte auch aus Gründen der Mitmenschlichkeit getan werden.

Eigene Anmerkungen:

Das Prestige-Denken und -Handeln

Gerade in unserer heutigen Zeit spielt das Prestige eine enorme Rolle. Die Ursachen sind verschiedener Natur und liegen primär im Subjektiven. Hinzu kommt, dass die meisten Menschen die Fragen des Geldes absolut überbewerten und dadurch fast ihr ganzes Leben zu stark dem Geld hinterher laufen. Dass das Geldverdienen auch auf Existenzgründen basiert bedarf keiner besonderen Betonung.

Meine grundlegende Kritik richtet sich vielmehr gegen die entsprechenden Übertreibungen. Die Vielfalt der einzelnen Fälle ist enorm groß. Dies ist vorwiegend auf die Verschiedenart des Einzelnen zurückzuführen. Hinzu kommt, dass die jeweilige subjektive und objektive Umgebung eine enorme Rolle spielt.

Unser Ziel sollte immer sein die Geradlinigkeit zum Grundsatz zu machen und jegliche Übertreibung des Prestiges zu vermeiden. Wer so vorgeht, liegt stets richtig - er ist es, der ein naturbezogenes Leben anstrebt und stark daran interessiert ist, die Dinge und Probleme der Mitmenschlichkeit zu beachten. Befindet man sich auf dieser Schiene, wird auch das Soziale stets einbezogen.

Entsprechende Beispiele einer vorbildlichen Haltung und Realisierung können Sie zum Glück jeden Tag beobachten. Es liegt auf der Hand, dass ein derartiges Vorgehen eine **große innere und äußere Stärke** in sich trägt. Hinzu kommt, dass durch ein derartiges beispielhaftes Verhalten die Stellung gegenüber der unmittelbaren subjektiven Umgebung eine beachtliche Stärke aufweist.

Die Undankbarkeit

Die Dankbarkeit spielt in allen privaten und beruflichen Situationen eine enorm große Rolle - sie ist es, die immer wieder den Grad der Persönlichkeit anzeigt.

Menschen die hinsichtlich ihrer Gene sowie Herkunft und subjektiven sowie objektiven Situationen ein entsprechendes Format haben, werden stets genau wissen, wie sie sich gegenüber Dritten zu verhalten haben.

Ganz anders sieht es bei denjenigen aus, die hinsichtlich ihrer subjektiven Historie keine Dankbarkeit zeigen können. Meistens liegt es daran, dass die Eltern es versäumt haben ihre Kinder entsprechend zu erziehen.

Durch ein entsprechendes Fehlverhalten wird vieles erschwert oder sogar unmöglich gemacht.

Wer im Rahmen einer selbstkritischen Analyse feststellt, dass hier ein diesbezüglicher Nachholbedarf vorliegt, sollte sehr schnell entsprechende Register ziehen und sich unbedingt angewöhnen, in Zukunft Dankbarkeit zu zeigen. Nur so zeigt man seine Mitmenschlichkeit. Es steht völlig außer Zweifel, dass eine praktizierte Undankbarkeit oft auch ein Zeichen von Arroganz darstellt.

Hat man diese verbesserte Taktik mehrfach an den Tag gelegt, spürt man sehr schnell die beachtliche Verbesserung des Persönlichen.

Die Vertraulichkeit

Die Vertraulichkeit spielt in unserem Leben eine beachtliche Rolle. Sie gilt sowohl für das Private wie auch alle beruflichen Dinge. Hierbei denke ich primär an die Mitteilungen, die im Hinblick auf subjektive und objektive Dinge unbedingt vertraulich zu behandeln sind.

Im Rahmen des Gesamtkomplexes der Vertraulichkeit gibt es die unterschiedlichsten Variationen.

Erhält man von Dritten entsprechende vertrauliche Informationen, ist man unbedingt gehalten, diese unter keinen Umständen an Dritte weiterzugeben. Es muss also eine volle Verschwiegenheit einsetzen.

Die Praxis der Überbringung einer Vertraulichkeit erfolgt entweder mündlich oder schriftlich.

Ich habe immer wieder beobachtet, dass viele Menschen nicht die Kraft haben, die oft erforderliche Vertraulichkeit zu wahren. Wer dies tut, zeigt sehr deutlich eine beachtliche persönliche Schwäche, die oft auch auf seinen Charakter zurückzuführen ist. Hinzu kommt, dass manche Menschen sich mit der Weitergabe von Vertraulichkeiten wichtig tun wollen.

Eigene Anmerkungen:

Entgegenkommen und Schwäche

Jeder Mensch ist gehalten, dem anderen gegenüber sein Wohlwollen zu zeigen. Tut man dies, ist eine gute Grundlage für eine positive Zusammenarbeit und ein Zusammenleben gegeben.

Eine derartige Einstellung und Handhabung erfordert von uns eine absolut positive Grundeinstellung - außerdem werden Offenheit, Natürlichkeit und insbesondere ein starker Wille verlangt.

Wer sich synchronisiert zeigt, kann jederzeit mit dem Wohlwollen des anderen rechnen. Er ist es, der sich auf dem richtigen, nämlich zwischenmenschlichen Weg, befindet. Hierbei ist von enormer Bedeutung, dass man alles aus Überzeugung tut -also stets eine absolut positive innere Grundeinstellung an den Tag legt.

Sie können immer wieder in Ihrer näheren und weiteren Umgebung Menschen beobachten, die ein zu starkes Entgegenkommen zeigen. Dies hat verschiedene Ursachen - meistens meinen diese Menschen sie würden durch eine übertriebene Freundlichkeit und ein sehr starkes Entgegenkommen ihre persönlichen und geschäftlichen Ziele eher erreichen.

Wer dies oder ähnliches praktiziert, sollte auch daran denken, dass es immer wieder Menschen gibt die ein zu starkes Entgegenkommen als rein persönliche Schwäche auslegen.

Es gilt also, jedes übertriebene Entgegenkommen zu vermeiden. Es ist viel klüger in jeder privaten und beruflichen Situation eine große Offenheit und Geradlinigkeit zu exerzieren. Selbstkritisch kann ich folgendes feststellen: Jahrelang kam ich bestimmten Geschäftspartnern überdurchschnittlich entgegen und meinte dies würde zu einem schnelleren Aufbau und einer Vertiefung der Verbindungen führen.

Weit gefehlt - die meisten legten mir die überdurchschnittliche Synchronisierung als Schwäche aus.

Zum Glück erkannte ich nach einer Reihe von Rückschlägen die falsche individuelle Taktik und ließ sodann Natürlichkeit und Höflichkeit dominieren.

Man könnte auch sagen, ich wählte den Weg der höflichen Normalität.

Der richtige Ton

In jeder Situation kommt es darauf an, dass wir den Tonfall und die richtigen Worte finden - sei es mündlich oder schriftlich.

Wer dieses Optimum erkannt hat und konsequent anstrebt wird sehr schnell merken, dass er sich auf dem richtigen Weg befindet. Er setzt nämlich seine natürliche Linie voll ein und zeigt außerdem an, dass er einen guten Charakter hat.

Da viele von uns in unnatürlichen Verhältnissen leben - leben müssen - finden sie oft nicht die richtige Härte und schlagen einen - um es milde auszudrücken - falschen Tonfall an; sie finden oft nicht nur nicht die richtigen Worte sondern vertun sich auch im Tonfall. Hierbei denke ich an die vielen Fälle, wo im Gespräch oder sogar in vielen Verhandlungen eine zu große Härte an den Tag gelegt wird.

Es liegt auf der Hand, dass man durch so ein subjektives Fehlverhalten die gesteckten Ziele nicht, oder höchstens nur teilweise, erreicht. Hinzu kommt, dass entsprechende Worte sehr schnell verletzend wirken können - im Extremfall sogar die Ehre des Mitmenschen verletzen.

Wer eine derartige Praxis an den Tag legt, liegt nicht nur falsch, sondern zeigt auch an, dass er sich hinsichtlich seiner **Intelligenz-Stufe** im unterdurchschnittlichen Bereich befindet.

Die Ursachen eines derartigen Vorgehens sind verschiedener Natur - neben der geistigen Haltung spielen manchmal auch eine oder sogar mehrere Enttäuschungen eine Rolle, denn wer sowohl im privaten wie auch beruflichen Sektor große Enttäuschungen erlebt hat, meint sehr oft, dass man mit einer übertriebenen Härte vorgehen müsse.

Hat eine derartige Handhabung einmal Platz gegriffen, wird sie leicht zur Regel.

Aus diesen, obig aufgezeigten Gründen können wir entnehmen, dass wir uns in jeder Phase bemühen müssen, eine absolute Natürlichkeit an den Tag zu legen. Die ist auch ein **Gebot der Mitmenschlichkeit.**

Das gezielte Dankeschön

Immer wieder kann man feststellen wie es Menschen versäumen, in konkreten Situationen **das Dankeschön** gezielt zum Ausdruck zu bringen. Sie sind es, die von der persönlichen Historie her es früher nicht gelernt haben, sich für bestimmte Freundlichkeiten oder Zuwendungen zu bedanken.

Was hier versäumt wird, ist nicht nur bedauerlich, sondern schlägt oft entsprechend zurück. Durch eine diesbezügliche Passivität wird automatisch eine beachtliche Reserviertheit und Unfreundlichkeit angezeigt.

Die Dankbarkeit wird auch deshalb oft unterlassen, weil der Betroffene meint, er würde sich im Rahmen einer Danksagung ein wenig erniedrigen. Weit gefehlt - das Gegenteil ist der Fall.

Wer im Rahmen einer selbstkritischen Analyse einen Verbesserungsbedarf feststellt, sollte die entsprechende Register ziehen.

Hat man die neue Richtung mehrfach exerziert, spürt man sehr schnell die Welle der Freude und gegenseitigen Achtung.

Die finanzielle Grundeinstellung

Für jeden Menschen ist es enorm wichtig, möglichst früh zu erkennen, dass zu unserem Leben eine absolut positive finanzielle Grundeinstellung gehört - sie muss das Solide, das Sparen und insbesondere die Bildung von Reserven beinhalten. Nur so legt man eine gute Grundlage, auf der man immer wieder aufbauen kann.

Die Verwirklichung ist nicht nur von den genannten Fakten, sondern auch vom Elternhaus und der subjektiven Ausbildung abhängig. Letztere spielen sogar eine dominierende Rolle, und zwar deshalb, weil sie primär Inhalt der **inneren Einstellung** sind.

Es gilt, Kinder und Jugendliche so früh wie möglich an das Sparen heranzuführen. Analoges gilt für die Bildung von den ersten Reserven.

Wer es versteht früh genug Reserven zu bilden, schafft sich nicht nur ein entsprechende finanzielles Polster, sondern verbessert dadurch - und zwar im beachtlichen Umfang - seine Psyche.

Entsprechende Beispiele können Sie jederzeit in Ihrer näheren und weiteren Umgebung beobachten. Hierbei denke ich in erster Linie an die Menschen, die es verstanden haben durch beachtliche Einschränkungen, hinsichtlich ihres Verbrauches und Wohlstandes, finanzielle Reserven zu bilden.

Ganz anders sieht es in den vielen Fällen aus, wo trotz überdurchschnittlichen Verdienstes die Ausgaben laufend erhöht werden und es dadurch nicht möglich ist Reserven zu bilden.

Wer diesen mehr als problematischen Weg einmal beschritten hat, befindet sich in einem äußerst problematischen Kreislauf, den er meistens dann auch beibehält.

Fast jeder Mensch muss in seinem Leben mit gewissen oder sogar beachtlichen Rückschlägen rechnen - diese führen sodann fast immer zu schwierigen subjektiven und objektiven Situationen. Es werden sodann gewisse oder sogar sehr beachtliche Einschränkungen erforderlich. Befindet man sich in einer derartigen schwierigen Situation und kann nicht auf Reserven zurückgreifen, müssen der tägliche Verbrauch und eventuelle Neuanschaffungen beachtlich eingeschränkt oder sogar vermieden werden. Denn nur so versetzt man sich in die Lage mit dem geringeren privaten Etat auszukommen. Dass dies viele fortan nicht oder nur sehr eingeschränkt schaffen, ist ausreichend bekannt.

In entsprechenden schwierigen Situationen kommt es oft auch zwischen den Eheleuten oder Partnern zu beachtlichen persönlichen Problemen oder sogar großen Schwierigkeiten. Hinsichtlich dieser Fälle gibt es die unterschiedlichsten Variationen, die neben dem Subjektiven oft auch das Objektive einschließen.

Wer die eigenen großen Probleme nicht alleine lösen kann, ist gehalten, sich von entsprechenden Experten beraten zu lassen. Hierbei denke ich u.a. an gute Bankkaufleute oder Steuerberater.

Nur durch die frühzeitige Bildung von Reserven kann man sich ein finanzielles Fundament schaffen.

Wer fragt - führt das Gespräch

Nur derjenige der es versteht sich sehr schnell auf sein Gegenüber einzustellen, befindet sich auf dem richtigen Weg - er ist es der den anderen respektiert - ihm also Achtung und Höflichkeit entgegenbringt. Ist dies der Fall, so sind gute Voraussetzungen für einen Erfolg gegeben. Es gilt sodann, **gezielt Fragen** zu stellen.

Dies ist für das angestrebte Ergebnis von eminenter Bedeutung. Sind wir dagegen auf die Verhandlung nicht oder nur sehr schwach vorbereitet, so führt dies oft zu einem Misserfolg.

Während des Gespräches ist es sehr wichtig, dass wir berücksichtigen, welcher Intelligenzstand zwischen uns und dem Gegenüber besteht. Ist nämlich der Fragende dem anderen restlos oder ein wenig unterlegen, so lässt sich nicht viel - um es milde auszudrücken - erreichen. Besteht dagegen zwischen Ihnen und dem anderen eine geistige Gleichheit, so wird in der Regel ein fruchtbares Gespräch mit einem positiven Ergebnis herauskommen.

Ist man dem Gegenüber überlegen, gilt es, die Chance zu nutzen.

Ist dagegen Ihr Gegenüber Ihnen überlegen, so ist es schwer oder sogar unmöglich etwas zu erreichen.

Dass es im täglichen Leben die verschiedenartigsten Varianten und Abweichungen gibt liegt auf der Hand.

Es steht absolut fest, dass obige Ausführungen für unseren gesamten Lebensbereich gelten - also sowohl für das Private wie auch Geschäftliche.

Absolut naturbezogen

In diesem Kapitel kommt es mir sehr darauf an Ihnen möglichst deutlich aufzuzeigen, welche große Bedeutung Umwelt und Natur täglich haben - sie sind es, die direkt oder zumindest indirekt unser Leben weitgehend bestimmen.

Wer das Glück hat im rein ländlichen Raum zu leben sollte täglich dem Herrgott danken. Er ist es, der immer wieder Dinge der Umwelt und Natur absorbiert und von ihnen beachtlich profitiert. Letzteres tritt insbesondere dann ein, wenn er es versteht die unmittelbare Umgebung - also Natur und Umwelt - zu erkennen und zu genießen.

Es steht völlig außer Zweifel, dass die Natur und Umwelt die **physischen und psychischen Kräfte** enorm stärkt. Dies gilt praktisch für jedes Alter. Wer dies möglichst schon in jungen Jahren erkennt, kann dadurch auf diesem naturbezogenen Fundament aufbauen.

Arbeitet der Betreffende derzeit in naturbezogenen Berufen, ist sein Fundament noch besser, denn die Verbindung zwischen ihm und der Natur ist viel intensiver, als bei Menschen die in einem gewerblichen oder industriellen Beruf tätig sind und lediglich in ländlichen Zonen leben.

Ganz anders sieht es bei denjenigen Menschen aus die in Großstädten leben - sie sind oft enorm benachteiligt, und zwar deshalb, weil sie es sind, die im unmittelbaren Wohnbereich meistens die Natur nur beschränkt - oder womöglich gar nicht - aufnehmen können.

Die meisten dieser Mitmenschen sind auch aus privaten und beruflichen Gründen nicht in der Lage eine entscheidende Verbesserung durchzuführen. Eine entsprechende Veränderung könnte z.B. durch eine Verlagerung des Wohnsitzes an die Stadtgrenze oder sogar in ländliche Bezirke ganz entscheidend verbessert werden.

Letzteres würde in vielen Fällen sogar die Beibehaltung der derzeitigen Tätigkeit durchaus ermöglichen, denn eine längere Fahrtstrecke ist immer noch wesentlich besser als z.B. ein Leben in einem städtischen Hochhaus.

Ich selbst kann feststellen, dass das Leben im rein ländlichen Raum, das ich seit vielen Jahren bewusst exerziere, mir immer wieder Freude, Kraft und Liebe bereitet. Letztendlich sicherlich auch deshalb, weil ich über Gene und Elternhaus entsprechend vorprogrammiert bin - ganz zu schweigen von meinem Beruf als vereidigter landwirtschaftlicher Sachverständiger.

Eigene Anmerkungen:

Der Geist regiert die Welt

Im praktischen Leben können Sie immer wieder beobachten wie die geistigen Dinge dominieren. Sie sind es, die sowohl im theoretischen wie aber auch im praktischen Leben die Richtung bestimmen.

Die Ursache liegt praktisch darin, dass die geistige Verfassung und Taktik ausschlaggebend sind.

Hieran sehen Sie welche Bedeutung unsere Gene haben und wie wichtig es ist, dies möglichst früh zu erkennen.

Zu jedem Fortkommen gehört absolut primär das Geistige.

Derjenige der von seinen Genen her gesegnet ist, wird schon in der Kindheit oder aber spätestens in der Jugend genau merken, was dies für ein enormer Vorteil ist, und dass er sich so unbewusst von anderen abhebt.

Obige Ausführungen zeigen erneut sehr deutlich, welche große Bedeutung Ausbildung und Studium haben.

Die Bestätigung dieser Behauptung können Sie leider immer wieder bei denjenigen feststellen, die nur einen unterdurchschnittlichen Schul- und Lehrabschluss geschafft haben. Dies führt meistens dazu, dass sie beruflich und somit auch privat über Jahre auf der Stelle treten. Hinzu kommt, dass die eigene Psyche stark belastet wird. Außerdem sind viele Menschen sehr stark von Dritten - z.B. den Eltern, Partner/in oder aber dem Staat - abhängig. Durch diese große Abhängigkeit entsteht ein negativer Kreislauf, den man nur durch eine gezielte Aktivität - gegebenenfalls mit Unterstützung von Experten und Beratern - durchbrechen kann.

Die Unterprovisionen

Im kaufmännischen Bereich werden immer wieder Provisionen und Unterprovisionen abgesprochen. Die Gründe sind rein geschäftlicher Natur. Es gilt diese Vereinbarungen möglichst immer schriftlich zu fixieren, denn andernfalls besteht die große Gefahr, dass man von Kollegen oder Geschäftspartnern aufs Kreuz gelegt wird - diese also eventuell nur mündlich getroffene Absprachen nicht einhalten.

An dieser Stelle denke ich an eine ganze Reihe von Fällen wo ich es erleben musste, dass mündliche Vereinbarungen, die ich mit Sachverständigen und Architekten getroffen hatte, nicht im Entferntesten eingehalten wurden.

Dass eine derartige Vorgehensweise nicht nur schlimm, sondern letzten Endes sogar auch eine Frage eines schlechten Charakters ist, steht völlig außer Zweifel. Diese *drolligen Vögel* haben in der Regel ausschließlich ihre Bilanz im Auge und nahmen eine Verstimmung in Kauf.

Wer entsprechende Unterprovisionsabsprachen nicht einhält, hat oft nur seine eigene Bilanz im Auge und nimmt meistens sogar eine Verstimmung oder sogar finanzielle Schädigung seines Geschäftspartners in Kauf.

Erlebt man Derartiges gilt es, den Kontakt so schnell wie möglich abzubrechen, denn diese Leute sind es in der Regel nicht wert, dass man mit ihnen weitere Geschäfte macht.

Auch hier wird Ihnen deutlich aufgezeigt, dass es immer wieder erforderlich ist ein konsequentes Handeln zu exerzieren, denn nur so kann man seine eigene gradlinige Richtung verfolgen.

Die problematische vorzeitige Vererbung

Gern befasse ich mich mit dem o.g. Thema, denn an dieser Stelle kann ich sehr deutlich auf meine langjährigen, rein beruflichen Erfahrungen eingehen; sie haben sicherlich für manchen Leser eine sehr subjektive und somit hohe Bedeutung.

Im Rahmen der Übertragung von Vermögenswerten an Dritte sollte man versuchen eine möglichst **gute Symbiose** herzustellen.

Es steht außer Zweifel, dass dies in vielen Fällen sehr schwer - oft sogar unmöglich - ist. Die Gründe sind verschiedener Natur und sind meistens darauf zurückzuführen, dass die Erben oft das Subjektive überbewerten.

Letzteres zeigt sich oft auch in indirekten Bemerkungen und Reaktionen gegenüber dem Erblasser.

Nun zu den Dingen, die ich im Rahmen von Vererbungen rein beruflich erlebt habe.

Als Sachverständiger war ich mehrfach indirekt an der Übertragung von Häusern, Höfen und Bauland von Eltern an Kinder oder andere nahe Verwandte beteiligt.

In der Regel fand die Vererbung als Schenkung statt. Es wurden also für den Erblasser weder Wohn- noch Nießbrauchrechte grundbuchlich eingetragen.

Ich meine derartige Schenkungen sollten nur dann vorgenommen werden, wenn das Restvermögen keine nennenswerte Einschränkung hinsichtlich des derzeitigen und auch zukünftigen Lebensstandards nach sich zieht.

Handelt es sich bei der vorzeitigen Vererbung um den Hauptanteil oder sogar das Gesamtvermögen gilt es, sich zumindest ein Wohn- und Nießbrauchrecht grundbuchlich eintragen zu lassen. Nur so kann oft der derzeitige Lebensstandard aufrecht erhalten werden. Auch können durch entsprechende Altenteilrechte eventuell spätere hohe Krankheits- und Pflegekosten teilweise oder sogar ganz aufgefangen werden.

In der Regel ist es sehr zu empfehlen einen versierten Steuerberater, Rechtsanwalt oder Notar einzuschalten.

Vielleicht veranlassen obige Ausführungen manchen Leser, bezüglich seiner Vererbung von Vermögenswerten möglichst vorsichtig vorzugehen.

Die subjektive Passivität

In unserem Leben kommt es immer wieder darauf an die Möglichkeiten des Aktiven zu erkennen und insbesondere zu praktizieren.

Wer dies tut befindet sich absolut auf dem richtigen Weg - er ist es, der seine Chancen erkennt und alles tut, um sie zu nutzen. Dies gilt sowohl für das Private wie insbesondere auch für das Berufliche. Die Möglichkeiten sind verschiedener Natur und hängen in erster Linie von unseren Fähigkeiten und insbesondere dem Willen ab. Ebenso spielen familiäre Historie und geistige Verfassung eine große Rolle.

Da viele von uns hinsichtlich ihres Wohnsitzes und der entsprechenden Verhältnisse nicht zu den Menschen gehören, die ideale Voraussetzungen vorfinden, ist es für diesen Personenkreis oft schwer eine gezielte Aktivität an den Tag zu legen. Hinzu kommt, dass unsere entsprechenden Bestrebungen und Ziele immer wieder von der Gegenwart und dem Wirken Dritter abhängig sind.

Aufgrund subjektiver Gegebenheiten und o.g. Probleme sind viele mehr oder weniger dazu verurteilt sich weitgehend oder sogar ganz, passiv zu verhalten. Letzteres ist für sie von beachtlicher Bedeutung und birgt die Gefahr in sich, dass sich aus einer anfänglichen Passivität **ein Dauerzustand** entwickelt, sodass schnell ein Leben der Passivität entsteht.

Es liegt auf der Hand, dass es sowohl bezüglich der Aktivität wie aber auch Passivität die unterschiedlichsten Varianten gibt - hierbei dominiert das Subjektive.

Wer sich in einzelnen Situationen passiv verhält ist gehalten, dies selbstkritisch zu analysieren und daraus die entsprechenden Schlüsse - nämlich Richtung Aktivität zu ziehen. Geschieht dies schon in den ersten Ansätzen einer sich abzeichnenden Passivität, kann sich daraus ein positives Wirken ergeben, welches sodann jegliche Passivität ausschaltet.

Eigene Anmerkungen:

Aus der Masse – in die Masse

Wie in anderen Kapiteln bereits erläutert, leben viele Menschen unter Verhältnissen die zumindest problematisch - oft sogar unerträglich - sind. Hierbei denke ich in erster Linie an diejenigen, die in Großstädten leben und womöglich sogar Mieter in einem vielstöckigen Hochhaus sind.

Wer hier aufgewachsen ist und leben muss, findet in der Regel schlechte Voraussetzungen vor, und zwar in subjektiver wie objektiver Hinsicht.

Zur Untermauerung meiner Argumentation sei in diesem Zusammenhang darauf hingewiesen, dass ein Leben in entsprechenden Hochhäusern nur wenig oder gar nichts mit einer gesunden Natur und Umwelt zu tun hat. Wie will man in betonierten Hochhäusern und Wohnungen ein naturbezogenes Leben führen? Ich meine, dies ist für diese Menschen so gut wie unmöglich.

Wer zu diesem angesprochenen Personenkreis gehört, sollte eine entsprechende Initiative bezüglich Verbesserung der Wohn- und Arbeitsverhältnisse, zumindest in Richtung der entsprechenden Stadtgrenze, ziehen.

Dass dies in erster Linie einen enormen Willenseinsatz erfordert liegt auf der Hand und hängt natürlich auch sehr stark davon ab, ob die familiäre und berufliche Situation eine derartige Verlagerung zulassen.

Für den oben beschriebenen Personenkreis besteht immer wieder die Gefahr, dass er sich hinsichtlich seines ureigenen Lebens Richtung Masse bewegt - also der Grad der Persönlichkeit negativ beeinflusst wird.

Ergänzend zu obiger Argumentation sei noch darauf hingewiesen, dass bezüglich eines Lebens in der Masse, in der Regel die familiäre Historie neben der Gegenwart dominiert. Hierbei denke ich z.B. an die Gestaltung der Freizeit und des Urlaubs.

Menschen die aufgrund ihrer konkreten Gegenwart zu einem Leben in der Masse gezwungen sind, setzen diese. - in meinen Augen problematische Richtung - auch oft hinsichtlich ihrer Urlaubsplanungen fort. Dadurch entsteht automatisch eine beachtliche monotone Handhabung. Man kann dann also nicht mehr von einer individuellen Freizeit- oder Urlaubsgestaltung sprechen.

Zum Schluss noch einige Worte zu unserer Jugend.

Wir tun gut daran ihnen früh genug aufzuzeigen, dass es **das Individuelle** ist, was das Subjektive stärkt und somit die Grundlage unseres Lebens sein sollte.

Eigene Anmerkungen:

Das Blumenpräsent

Im privaten und beruflichen Bereich sollte man praktisch immer daran denken bestimmten Personen zu entsprechenden Anlässen einen Blumenstrauß zu überreichen.

Wer dies einplant und dann tatsächlich realisiert, wird sehr schnell merken, dass ihm dies beachtliche Vorteile bringt. Diese liegen primär in der aktiven Förderung der zwischenmenschlichen Beziehungen. Ganz zu schweigen davon, dass es sich um eine **ausgesprochene Höflichkeit** handelt. Die Realisierung erfordert allerdings eine beachtliche positive Grundeinstellung - insbesondere wegen der damit verbundenen Kosten, die viele leider scheuen, denn sie meinen diesen Aufwand könnte man durchaus sparen.

Ich habe während meiner entsprechenden Aktivitäten, die ich sowohl privat wie auch beruflich durchführte, immer wieder feststellen können, dass die Überreichung von Blumenpräsenten zu einem beachtlichen **synchronisierten Auftreten** führte. Jede entsprechende Investition zahlte sich immer wieder aus.

Ich empfehle Ihnen entsprechende Überlegungen anzustellen und bezüglich der Überbringung von Blumenpräsenten immer wieder gezielt aktiv vorzugehen.

Das Tief ist ein Hoch

In privaten und beruflichen Bereichen tritt ab und zu oder sogar des Öfteren ein Tief ein.

Die Ursachen sind verschiedener Natur - sie liegen in erster Linie im Subjektiven. Hinzu kommt, dass die persönliche aber auch objektive Umgebung eine große Rolle spielt. Ähnlich verhält es sich mit der jeweiligen Aus- und Fortbildung des einzelnen. Hinzu kommt, dass auch der persönliche Wille von eminenter Bedeutung ist.

Es gilt die jeweiligen Fakten möglichst früh zu erkennen. Nur so ist es möglich eine gewisse oder sogar beachtliche Korrektur in Richtung eines Hochs vorzunehmen.

Das entsprechende Tief darf auf keinen Fall zum Dauerzustand werden, denn sonst besteht die große Gefahr, dass es sich in uns festsetzt und wir nicht mehr die Kraft haben es zu meistern.

Wer sich in einem Tief befindet ist gehalten, eine selbstkritische Analyse vorzunehmen und konkret zu überlegen welche Schritte zur Entfaltung einer **dynamischen Aktivität** zu gehen sind. Nur so versetzt man sich in die Lage aus dem Tief ein Hoch zu entwickeln.

Ist man selbst nicht in der Lage die Probleme zu lösen gilt es, sich durch einen Dritten beraten zu lassen. Letzteres ist gerade in der heutigen Zeit relativ leicht möglich, denn es bieten sich heute immer wieder Möglichkeiten einer erstklassigen subjektiven Betreuung.

Die permanente Kritik ist . . .

Es ist unbedingt erforderlich sich möglichst schon in jungen Jahren mit dem Thema **Kritik** zu befassen. Wer dies tut wird sehr schnell merken welche privaten und beruflichen Vorteile ihm dies bringt.

Es ist sehr empfehlenswert jegliche Kritik stets zu vermeiden. Letzteres deshalb, weil das Kritisieren immer schlecht ankommt. Dies gilt sowohl für das Private wie auch Berufliche.

Zeigt man Menschen kritische Haltungen auf, so sind sie sehr schnell verschnupft - nehmen Ihnen also die entsprechenden kritischen Äußerungen übel.

Es entsteht somit leicht eine beachtliche ablehnende Haltung, die automatisch das zwischenmenschliche Verhältnis absolut negativ beeinflusst.

Sie können täglich Menschen beobachten die es verstehen keine Kritik zu üben. Sie sind es die sich auf dem **idealen Weg** befinden - also sich absolut im Optimum bewegen.

Stoßen Sie auf solche Menschen - sei es privat oder beruflich - gilt es unbedingt, diese beispielhaften Vorbilder nicht nur zu beobachten, sondern ihnen möglichst nachzueifern.

Natürlich gibt es entsprechende Ausnahmen. Hierbei denke ich an Kinder, Jugendliche oder junge Mitarbeiter. Dass man diese ab und zu kritisiert ist oft unumgänglich. Allerdings kommt es hierbei sehr darauf an keine verletzenden Worte zu wählen, sondern **das Mitmenschliche** zu beachten und insbesondere konsequent zu praktizieren.

Die Eigen-Kritik

Die nachstehenden Ausführungen zeigen Ihnen sehr deutlich die große Bedeutung der Eigenkritik. Es gilt die Fragen der Eigenkritik möglichst schon in jungen Jahren zu erkennen und daraus entsprechende subjektive Schlüsse zu ziehen.

Auf was sich die Eigenkritik zu beziehen hat hängt ganz von dem einzelnen Menschen sowie den subjektiven und objektiven Verhältnissen ab.

Wenn Sie sich in Ihrer näheren Umgebung umsehen werden Sie sehr schnell auf Menschen stoßen die innerlich nicht bereit sind eine konkrete Eigenkritik zu praktizieren. Die Ursachen sind verschiedener Natur. In der Regel liegt es daran, dass die meisten Menschen meinen eine Eigenkritik sei ein Ausdruck von beachtlicher Schwäche. Letzteres trifft nicht zu, denn derjenige der bereit ist seine Dinge eigenkritisch zu sehen, zeigt eine subjektive und fachliche Stärke. Er ist es der seine Fehler erkannt hat und sie gegenüber Dritten eingesteht.

Derjenige der nicht bereit ist eine Eigenkritik zu üben sollte baldmöglichst eine entsprechende selbstkritische Analyse vornehmen und sodann die entsprechenden Register hinsichtlich einer beachtlichen Verbesserung ziehen. Hat er dies ein- bis zweimal praktiziert, so stellt er sehr schnell fest, dass sich seine persönliche und berufliche Lage beachtlich verbessert hat. Er ist es der neuerdings eine größere persönliche und fachliche Stärke zeigt und dadurch seine gesteckten Ziele besser und schneller erreicht.

Haus und Garten

Wie an anderer Stelle eingehend beschrieben, spielt unser Haus oder die eigene Wohnung eine dominierende Rolle. Dies deshalb, weil das Haus oder die Wohnung im hohen Maße die Grundlage unseres Lebens bilden.

Wer dies im Inneren erkannt hat liegt absolut richtig. Er ist es, der in seinem Haus oder der Wohnung eine Quelle der Hoffnung und Liebe erkennt.

Analoges gilt für einen Garten - er ist nicht allein eine ordentlich gepflegte Fläche des Grünen, der Blumen, der Sträucher und der Bäume. Er ist geistige Gestaltung und lebt vom Geist. Deshalb stellt er ständig Fragen an den Gärtner: Wie bringt ihr mich in eine Lebensbeziehung zum Haus oder der Wohnung? Wie erzeugt ihr Harmonie?

Wie können Dissonanzen korrigiert werden, die sich von früher oder von der örtlichen Beschränkung her ergeben haben?

Wir empfinden im Garten den Lebensraum als lebendige Natur. Wenn wir aufmerksam sind, können wir seine Sprache hören. Er bietet uns nichts Fertiges - fragt nach unermüdlicher Gestaltung - erinnert uns aber auch daran, sich nicht in Geschäftstätigkeit zu verlieren.

Im Wechsel der Jahreszeiten leben wir mit der von uns beeinflussten Natur. Wir sehen vom Garten aus das Haus oder die Wohnung in einem anderen Licht - erahnen seinen Charakter. Der Garten kann das Haus oder die Wohnung verschönern - wird zum Resonanzboden seiner Musik und wir gewinnen Freude.

Was ist unsere Antwort auf den Ruf des Gartens? Wir wünschen uns durch den Garten Ruhe und Harmonie. Er soll in ruhiger und ausgeglichener Weise auf das Haus oder die Wohnung und auf uns rückwirken.

Wir bemühen uns Übertreibungen in der Bepflanzung des Gartens und in der Farbe der Blumen zu vermeiden. Auch im Garten gilt sich auf das Wesentliche zu konzentrieren - keine erdrückende Fülle entstehen zu lassen und rechtzeitig Platz zu schaffen.

Um erneut auf die Beziehung zwischen Haus, Wohnung und Garten einzugehen, sei folgendes ausgeführt:

Insbesondere ein altes Haus oder eine alte Wohnung ruft nach einem Garten der Reife. Der Garten sagt, dass mit diesen Ideen der Weg zu einer Harmonie mit dem Haus und der Wohnung vorgezeichnet ist. Schließlich ermöglicht er uns eine kleine Schöpfung.

In Anlehnung an das Buch **JOSUA** des Alten Testaments sagen wir:

Wir aber und unser Haus und Garten

wollen dem Herrn dienen.

Obige Ausführungen, die sicherlich einige subjektive Grundsätze enthalten, zeigen Ihnen erneut sehr deutlich, dass wir uns immer wieder aktiv bemühen sollten, dem Subjektiven einen natur- und umweltbewussten Rahmen zu geben. Der Inhalt basiert auf Aufzeichnungen meines verstorbenen lieben Bruders Andreas Kees.

Gott - unser Herr

Wer sein Leben in die Hände Gottes legt wird sehr schnell merken welche **Kraft und Liebe** ihm von unserem Herrgott gegeben wird.

Es ist von eminenter Bedeutung, dass man hinsichtlich seines Alters und der individuellen Situation möglichst früh versucht den Weg zum Herrgott zu finden. Hierbei ist es von großer Bedeutung in welchem Elternhaus man aufwächst und welchen Glauben die Eltern praktizieren.

Diejenigen, die hier ein **Glaubensbekenntnis** vorfinden, werden in der Regel wesentlich schneller den Weg zum Herrn gehen - und dessen große Liebe spüren.

Obige Fakten zeigen erneut, welche große Bedeutung - und zwar für die Zukunft - die Erziehung unserer Kinder hat. Analoges gilt für die späteren Jahre - also die Aus- und Fortbildung.

Sie können immer wieder in Ihrer näheren und weiteren Umgebung entsprechende subjektive Beispiele beobachten und feststellen, dass es hinsichtlich des Glaubens - wie in vielen anderen grundsätzlichen Dingen - ganz beachtliche Variationen gibt - sie sind verständlicherweise rein subjektiv bedingt.

Da viele von uns zum Teil oder sogar ausschließlich in unnatürlichen Verhältnissen leben müssen, zeigt sich bei ihnen oft ein Glaube, der entweder kein natürliches Fundament - oder oft nicht die entsprechende Stärke hat. Dass dies für sie und ihre persönliche Umgebung von Nachteil ist, bedarf keiner besonderen Betonung.

Wer unter den angerissenen Verhältnissen leben muss, sollte eine selbstkritische Analyse vornehmen und versuchen **dem Glauben die erforderliche Stärke und Liebe** zu geben.

Ist dies schwer, gilt es, die entsprechenden Schwierigkeiten mit Dritten - z.B. einem Pfarrer - zu erörtern, und zwar insbesondere dann, wenn sich Probleme herauskristallisiert haben, die ohne fremde Hilfe nicht zu bewältigen sind.

Die menschliche Stärke

Der sehr bekannte Autor Antony de Mello befasst sich in seinen Büchern u.a. mit dem oben genannten Thema.

Lassen Sie mich auf einige sehr grundsätzliche Ausführungen hier entsprechend eingehen.

Hinsichtlich der menschlichen Stärke kommt es sehr auf
- die Gene,
- das Elternhaus,
- die innere Einstellung,
- die derzeitige Intelligenz-Stufe,
- auf das Geld- und Prestigedenken und
- die persönlichen und beruflichen Ziele

an.

Die meisten Mitmenschen legen zu großen Wert auf Prestige und Geld. Dadurch werden die inneren und insbesondere ideellen Werte - inklusive Glauben - zu wenig beachtet und praktiziert.

Letzteres führt automatisch zu einer teilweisen oder sogar beachtlichen Vernachlässigung der **Mit-Menschlichkeit und des Sozialen.**

Zweifellos gibt es eine beachtliche Anzahl von Menschen die das Soziale - z.B. über Caritas und Diakonie - entsprechend stark fördern. Diesen Mitarbeitern gehört immer wieder unsere große Hochachtung.

Die Macht des Geldes

Für jeden Menschen spielt das Geld eine beachtliche Rolle. Letzteres insbesondere deshalb, weil es primär zur Existenzsicherung gehört.

Es gilt die entsprechenden Fakten möglichst schon in jungen Jahren zu erkennen und gezielt zu beachten.

Hinsichtlich des Geldverdienens spielen die subjektiven und objektiven Gegebenheiten des einzelnen eine große Rolle. Weiterhin kommt es auf die persönlichen Ziele an.

Neben dem Geld hat das Prestigedenken eine hohe Bedeutung, denn es schwingt bei fast allen Menschen in jeder Situation mit, und zwar deshalb, weil es immer wieder Ausdruck der Eigenbestätigung ist.

Es liegt auf der Hand, dass es bezüglich Geld und dem Prestige die unterschiedlichsten Variationen gibt. Letzteres ist auf die sehr verschiedenartigen subjektiven und objektiven Gegebenheiten zurückzuführen.

Hinsichtlich des Geldverdienens ist von eminenter Bedeutung, immer wieder die **Geradlinigkeit** zu praktizieren, denn nur so lassen sich die einzelnen finanziellen Ziele mit gutem Gewissen erreichen.

Dass viele Menschen das Solide teilweise, oder sogar ganz, zur Seite schieben, ist allgemein bekannt. Hierbei denke ich in erster Linie an den kaufmännischen Bereich. Wird das Unsolide eine gewisse Zeit praktiziert, führt es oft dazu, dass der Betreffende diese äußerst problematische Richtung für immer beibehält.

Hat man die angestrebten vertretbaren finanziellen Ziele weitgehend erreicht, sollte man das Geldverdienen möglichst nur noch als sekundäre Sache betrachten. Tut man dies, versetzt man sich in die Lage, den ideellen Dingen einen größeren Raum einzuräumen. Hierbei denke ich in erster Linie an die Bereiche Bildung und Kunst, die bekanntlich vom geistigen her gesehen auf einer weit höheren Stufe liegen.

Eigene Anmerkungen:

Intensität und Transparenz

Ein Thema das sehr ins Persönliche geht und eine beachtliche Bedeutung hat.

Wer es versteht, sich möglichst laufend transparent zu zeigen, wird sehr schnell die persönlichen Erfolge spüren. Er ist es, der aufgrund seiner Veranlagung und seines gezielten Vorgehens seine **Menschlichkeit** aktiviert. Tut man dies, so veranlasst man den anderen, sich möglichst auch transparent und somit sehr menschlich zu zeigen.

Letzteres klingt einfach - ist aber gerade in der heutigen Zeit - wo Prestige und Geld einen viel zu hohen Stellenwert haben - schwer.

Die Erhöhung der Transparenz führt automatisch zu einer beachtlichen Verbesserung des Mitmenschlichen, so dass dies im Falle von Besprechungen und Verhandlungen die persönlichen und geschäftlichen Beziehungen beachtlich vertieft.

Die ersten Reaktionen

Jeder Mensch reagiert in privaten und beruflichen Dingen anders. Man könnte auch sagen, die ersten Reaktionen sind immer primär subjektiv bedingt.

Die Ursachen sind verschiedener Natur - sie fußen vorwiegend auf der persönlichen Historie. Zu der jeweiligen Vergangenheit gehören neben den Genen und dem Elternhaus nicht zuletzt der derzeitige Bildungsstand und insbesondere der eigene Wille.

Es gilt sich dessen immer wieder bewusst zu sein, denn nur so versetzt man sich in die Lage, möglichst absolut **synchronisiert** aufzutreten. Wer dies bewusst tut, befindet sich nicht nur auf dem richtigen Weg, sondern er ist es, der sehr gezielt akquiriert. Entsprechende absolut positive Beispiele können Sie laufend beobachten. Oft stellen diese ein beispielhaftes Verhalten dar.

Ganz anders sieht es bei denjenigen aus, die es nicht oder höchstens teilweise verstehen, bei den ersten Reaktionen die Dinge der Mitmenschlichkeit und der Synchronisierung stark mitschwingen zu lassen. Die Ursachen dieses problematischen oder sogar Fehlverhaltens sind auch hier verschiedener Natur und liegen sehr stark im Subjektiven. Natürlich spielen auch - insbesondere im Berufsleben - die fachlichen und nicht zuletzt die objektiven Dinge zusätzlich eine beachtliche Rolle.

Wer im Rahmen einer selbstkritischen Analyse feststellt, dass sein bisheriges Wirken einer Verbesserung bedarf, sollte sehr bald die Initiative ergreifen und den Fragen der Mitmenschlichkeit sowie der Synchronisierung eine weit größere Bedeutung einräumen.

Teil II

Wege zum Erfolg

Die subjektive Verfassung

Ein Thema, das eine hohe Bedeutung hat und zwar deshalb, weil unsere jeweilige persönliche Verfassung die Grundlage unseres Handelns ist.

Die eigene persönliche Verfassung hängt vorwiegend von den Genen, dem Elternhaus sowie den Lebensverhältnissen ab. Weiterhin spielt der persönliche Wille eine dominierende Rolle, denn ohne einen starken Willen geht praktisch nichts.

Diejenigen, die eine gute physische und psychische Verfassung haben, bewegen sich in einem unschätzbaren Optimum. Für sie gilt alles zu tun um dieses Optimum möglichst auf Dauer zu erhalten. Hierzu gehört insbesondere das persönliche Verhältnis zu dem Partner/in und den Kindern. Man sollte immer wieder daran denken, dass man nichts zum **Nulltarif** bekommt. Es gilt sich in jeder Lebensphase zu bemühen Freude und Liebe aufzubauen und zu pflegen.

Der Personenkreis der ein entsprechendes Optimum hat ist nicht sehr groß. Die optimalen Verhältnisse liegen sicherlich nur bei etwa 10 bis 20 Prozent der Menschen vor.

Letzt genannte Zahlen zeigen Ihnen sehr deutlich, dass bei vielen Menschen gewisse oder sogar sehr beachtliche Defizite vorhanden sind. Eine entsprechende Problematik besteht meistens schon über Jahre.

Stimmen die persönlichen Beziehungen nicht gilt es alles zu tun um über eine echte Aufrichtigkeit und Liebe eine verbesserte persönliche Basis aufzubauen.

Unsere subjektive Verfassung ist nicht zuletzt auch von unseren Finanzen abhängig. Hat man dies erkannt gilt es alles zu tun um die eigenen Finanzen in den Griff zu bekommen. Hierbei denke ich in erster Linie an den Umfang der jeweiligen Ausgaben die oft über das vertretbare Maß hinausgehen.

Analoges gilt bezüglich der finanziellen Reserven. Es ist von eminenter Bedeutung sich immer wieder zu bemühen gewisse Reserven zu bilden; vorwiegend deshalb, weil man in seinem Leben immer wieder mit persönlichen und wirtschaftlichen Rückschlägen rechnen muss.

Die Schaffung von Geldreserven führt auch - und zwar im beachtlichen Umfang - zu einer ganz entscheidenden Verbesserung der eigenen Psyche. Es ist entscheidend, dies möglichst schon in jungen Jahren zu erkennen.

Es freut mich außerordentlich, wenn Ihnen vorgenannte Ausführungen deutlich gezeigt haben, wie unerlässlich es immer wieder ist, die eigene Situation zu analysieren und entsprechende Schritte hinsichtlich einer entscheidenden Verbesserung zu ziehen.

Abschließend sei noch mit Nachdruck darauf hingewiesen, dass eine optimale persönliche Verfassung auch eine entsprechende innere Ruhe voraussetzt, denn ohne sie ist ein subjektives Optimum nicht möglich.

Der tägliche Gruß

Die Begrüßung Dritter hat sowohl im privaten wie auch im geschäftlichen Bereich eine enorme Bedeutung.

Man sollte dieses Faktum möglichst schon in jungen Jahren erkennen und beachten. Hierbei ist es wichtig, dass man sich immer wieder sehr bemüht hinsichtlich der Begrüßung eine große Naturbezogenheit und absolute Höflichkeit an den Tag zu legen. Wer es versteht in jeder Phase eine beachtliche Herzlichkeit zu zeigen, schafft nicht nur im menschlichen, sondern auch im geschäftlichen Bereich eine Grundlage auf der man dann aufbauen kann.

Tut man dies nicht - oder nur sehr begrenzt, entsteht leicht eine gewisse oder sogar sehr beachtliche Distanz, die es sodann sehr erschwert einen menschlichen und beruflichen Kontakt oder sogar eine Symbiose entstehen zu lassen.

Die entsprechenden Reaktionen hinsichtlich des täglichen Grußes sind auch von der jeweiligen subjektiven und objektiven Umgebung abhängig. So haben es Menschen die im ländlichen Raum wohnen - also naturbezogener sind - wesentlich leichter ihre Natürlichkeit zu zeigen und insbesondere einzusetzen.

Ganz anders sieht es bei Menschen aus die unter problematischen Verhältnissen leben; sie stehen oft unter einem subjektiven Stress, so dass es ihnen oft schwerer fällt einen natürlichen Gruß zu praktizieren.

Derjenige, der, hinsichtlich des täglichen Grußes, eine gewisse oder sogar beachtliche Arroganz mitschwingen lässt, liegt absolut falsch. Er ist es der meistens die immer wieder erforderliche Mitmenschlichkeit vermissen lässt.

Stößt man auf solche Menschen ist es oft angebracht eine gewisse oder sogar beachtliche menschliche Distanz zu praktizieren. Letztendlich auch deshalb, weil der Mensch in der Regel seine Uranlage beibehält.

Das synchronisierte Vorgehen

Es ist immer wieder erforderlich - und zwar zwingend - so vorzugehen, dass man bezüglich seiner persönlichen Reaktionen gegenüber Dritten Sympathie und Liebe sehr gezielt zeigt. Tritt man so auf zeigt man seine **Mitmenschlichkeit,** die in allen Lebensphasen von ganz entscheidender Bedeutung ist.

Dies ist leicht gesagt - erfordert aber von uns im Unterbewusstsein eine voll positive Grundhaltung. Wer dies aktiv praktiziert befindet sich immer in der Vorhand - er ist es, der genau weiß was zu tun ist.

Leider wird dies jedoch von vielen nicht oder nur stückweise praktiziert. Dadurch entstehen Missverständnisse, Abneigungen oder sogar beachtliche Diskrepanzen.

Diejenigen Leser, die hinsichtlich der o.g. Thematik einen Nachholbedarf haben, sollten sehr bald darüber nachdenken, wie sie ihre Situation entscheidend verbessern können. Ist diese Analyse erfolgt, ist von entscheidender Bedeutung die entsprechenden Register Richtung umfassender Verbesserung zu ziehen. Hat man die ersten Schritte getan besitzt man ein neues absolut positives Fundament, auf dem sich mit Sicherheit leicht weiter aufbauen lässt.

Die großen Chancen der Individualisten

Für Individualisten ergeben sich immer wieder beachtliche Chancen. Es gilt diese möglichst früh zu erkennen und konsequent zu nutzen.

Entsprechende Vorteile kann allerdings nur derjenige einfahren, der bestimmte Voraussetzungen erfüllt. Hierbei denke ich an eine gute Ausbildung sowie Berufserfahrung und an den subjektiven Intelligenzgrad.

Liegen entsprechende Voraussetzungen ganz oder zumindest teilweise vor, zahlt es sich aus, die diesbezüglichen Aufstiegsmöglichkeiten zu erkennen und zu nutzen.

Die meisten Individualisten haben in unserer Zeit deshalb große Chancen, weil sie es sind, die sich aus der Masse abheben.

Wer den entsprechenden starken Willen in sich trägt befindet sich auf dem richtigen Weg - er ist es, der ständig überlegt, welche Schritte zur Verbesserung des eigenen Individuums zu gehen sind.

Hat man die oben beschriebene Richtung einmal beschritten, so führt das Individuelle laufend zu guten Ergebnissen. Auch dann, wenn sich - was nicht zu vermeiden ist - gewisse Rückschläge einstellen sollten. Tritt dies ein, so ist derjenige aufgrund seiner Lebens- und Berufserfahrung in der Regel in der Lage, mit den Widerständen schnell fertig zu werden.

Chancen und Risiken des Immobiliensektors

Im Rahmen meiner beruflichen und privaten Tätigkeit ergaben sich immer wieder konkrete Möglichkeiten des Erwerbes von Bauland sowie der Errichtung von Zweifamilienhäusern und Eigentumswohnungen.

Die Chancen und Risiken sind in jedem Fall anderer Art - sie sind stark subjektiv bedingt.

Von eminenter Bedeutung sind die jeweiligen Fachkenntnisse des Erwerbers. Liegen diese vor, ist eine Aktivierung relativ leicht und ermöglicht die Minimierung von Risiken.

Wer dagegen keine oder nur sehr begrenzte Kenntnisse hat, sollte von Anfang an einen versierten Berater - sei es einen Architekten, Wirtschaftsberater oder seriösen Makler - einschalten.

Nachstehende Auflistung zeigt Ihnen die verschiedenen Möglichkeiten, die sich auf dem genannten Sektor bieten:
- Kauf von Bauerwartungs- und Bauland,
- Kauf von Einfamilien- und Mehrfamilienhäusern,
- Bau von Eigentumswohnungen,
- Umwandlung von mittleren oder größeren Mehrfamilienhäusern in Eigentumswohnungen.

Im Rahmen der Vorprüfung sollte man gerade in der heutigen Zeit sehr daran denken, dass es in vielen rein ländlichen Gebieten nicht mehr vertretbar ist entsprechende Käufe und Investitionen vorzunehmen. Hierbei denke ich u.a. an reine Agrarzonen - z.B. in weiten Gebieten von Schleswig-Holstein, Brandenburg und Mecklenburg-Vorpommern.

Wer hier vor Jahren entsprechende bauliche Investitionen vorgenommen hat, muss jetzt oft mit enormen finanziellen Rückschlägen rechnen.

Wie oben angerissen, kommt es auf dem Immobiliensektor sehr auf eine große fachliche Kompetenz an - diese ist für jeden Ankauf sowie entsprechende Investitionen von größter Bedeutung. Hinsichtlich der Wohnqualität und der Wertzuwächse ist weiterhin von eminenter Bedeutung, dass man zukunftsträchtige Standorte hinsichtlich erstklassiger Wohnqualität wählt.

Ein beachtlicher Wertzuwachs ist bei dem Bau von Familienhäusern dann möglich, wenn man möglichst eine Ich-AG beauftragt. Diese Einmannbetriebe arbeiten deshalb wesentlich kostengünstiger als größere Betriebe, weil sie keine hohen Personalkosten haben. Dies kommt dem Bauherrn zugute.

Die nachstehende Auflistung der verschiedenen Käufe und Bauvorhaben zeigt Ihnen die große Bedeutung meiner über Jahre erfolgten umfassenden Tätigkeit.

Im Einzelnen wurde folgendes realisiert:

1. Kauf von zwei wunderschön gelegenen Bauplätzen im Sauerland,
2. Bau eines Zweifamilienhauses im Sauerland,
3. Bau eines Zweifamilienhauses am Möhnesee,
4. Bau von zwei ETW`s im Bezirk Leipzig,
5. Erwerb eines Anteiles von 16 ETW`s in Castrop Rauxel sowie
6. Kauf eines Halbanteiles von einem Zweifamilienhaus in Sundridge/Canada.

Diese realistischen Ausführungen haben Ihnen sicherlich sehr deutlich aufgezeigt, wie auf dem IMMOBILIEN-SEKTOR Geld zu verdienen ist. Dies ist auch heute noch gut möglich.

Das Bauerwartungsland

Der Erwerb von Bauerwartungsland ist oft sehr zu empfehlen, denn wer frühzeitig erkennt welche Chancen sich hier bieten, kann oft zu beachtlichen finanziellen Erfolgen kommen. Er ist es, der aufgrund seiner persönlichen Beziehungen sowie unter Einsatz der fachlichen Kenntnisse in der Lage ist, Flächen zu finden, die von einer Normalnutzung als landwirtschaftliche oder forstwirtschaftliche Fläche eine entsprechende Höherstufung erfahren.

Diese Areale liegen in der Regel am Rande von Gemeinde- und Stadtzentren. Es findet also oft eine räumliche Erweiterung der bereits bebauten Zonen statt.

Nur derjenige kann mit einem gewissen oder sogar beachtlichen Profit rechnen, der früh genug erkennt wo sich entsprechende Ankäufe bieten - er ist es, der z.B. seine Beziehungen zu Gemeinde- und Stadträten oder aber zu Beamten und Angestellten der Verwaltung hat und sie gezielt einsetzt.

Hat man von entsprechenden Chancen erfahren ist es empfehlenswert zügig zu handeln, denn es muss möglichst vermieden werden, dass ein anderer einem zuvor kommt.

Wer sich auf dem Immobiliensektor nicht auskennt sollte sich schon in der Anfangsphase von Fachleuten beraten lassen. Hierbei denke ich an Architekten, Steuerberater, Wirtschaftsprüfer oder seriöse Makler. Nur so kann man beachtliche Fehlinvestitionen vermeiden.

Da fast jeder Fall eines An- und Verkaufes von Bauerwartungsland anders liegt, ist die Anführung von entsprechenden Preisrelationen kaum möglich. Um an dieser Stelle eine gewisse grobe Schätzung vorzunehmen, sei darauf hingewiesen, dass der Ankaufspreis von Bauerwartungsland oft ca. 20 bis 40 Prozent des Baulandpreises ausmacht.

Von großer Bedeutung ist auch der Zeitpunkt der von der Behörde geplanten Erschließung des Baugeländes mit Straßen, Kanälen und sonstigen Versorgungsleitungen. Können hier keine konkreten Angaben eingeholt werden, ist besondere Vorsicht geboten, denn es besteht sodann die Gefahr, dass man beachtliche Gelder investiert, die man vielleicht erst in 10 bis 20 Jahren wieder bekommt.

Wie allgemein bekannt, lassen sich fast alle Berater ihre gezielten Investitionsvorschläge gern honorieren. Gegen derartige Zahlungen an Freiberufler ist nichts einzuwenden. Die entsprechenden Honorare sollte man unbedingt an die Ausweisung und den konkreten Weiterverkauf des Baulandes koppeln.

Eigene Anmerkungen:

Die individuelle Über-Reaktion

In jeder persönlichen Situation sind wir gehalten möglichst sehr überlegt zu reagieren, und zwar in Wort und Schrift.

Erfreulicherweise stößt man immer wieder auf Menschen die hinsichtlich ihrer Vorgehensweise eine optimale Haltung einnehmen und somit insbesondere für die jüngere Generation ein erstklassiges Beispiel liefern.

Ein derartiges Vorgehen setzt Manches voraus. Hierbei denke ich in erster Linie an die subjektive Umgebung, dem Bildungsgrad und nicht zuletzt das jeweilige Alter.

Dass ein junger Mensch anders reagiert als jemand der sich im mittleren oder sogar fortgeschrittenen Alter befindet, ist verständlich. Einem jungen Menschen nimmt man eine zu schnelle Reaktion in der Regel nicht übel, sondern berücksichtigt bei einer Beurteilung sein Alter.

Ganz anders sieht es bei Menschen aus die sich im mittleren oder sogar fortgeschrittenen Alter befinden - von ihnen erwartet man, dass sie sich die Worte der Erwiderung genau überlegen - also in der Regel keine Überreaktionen vornehmen. Es ist klüger sich zunächst entsprechende Gedanken zu machen, um erst nach einer gewissen Phase der Überlegung zu reagieren.

Bei den einzelnen rein persönlichen Reaktionen spielt auch die Bedeutung des entsprechenden Themas eine beachtliche Rolle. Handelt es sich um relativ unbedeutende Dinge, ist es nicht schlimm wenn man schnell reagiert.

Ganz anders sieht es bei sehr wichtigen Dingen aus. Hier ist es von besonderer Wichtigkeit, sich Zeit zu nehmen. Vor allem auch deshalb, weil man dadurch genügend Zeit hat, um die Sache eingehend zu überlegen und zu prüfen.

Die Anzahl der Menschen die sich in Wort und Schrift viel zu schnell äußern ist sehr hoch. Die Ursachen liegen primär im Subjektiven und Fachlichen - oft spielt die jeweilige Intelligenzstufe eine beachtliche Rolle.

Der Egoismus

Ein Thema, das im täglichen Leben eine große Rolle spielt.

Die Ursachen sind verschiedener Natur und liegen primär im Subjektiven. Der Egoismus ist also sehr personenbezogen.

Jeder Mensch hat die Pflicht laufend zu prüfen ob er sich bezüglich seines Privaten oder Beruflichen egoistisch verhält. Ist dies der Fall, muss er unverzüglich eine selbstkritische Analyse vornehmen und eine entsprechende grundlegende Verbesserung durchführen.

Die Verbesserung erstreckt sich auf die entscheidende Veränderung der zwischenmenschlichen Beziehungen. Man könnte auch von einer beachtlichen Erhöhung des Synchronisierungsgrades sprechen. Dass es hinsichtlich des Egoismus die unterschiedlichsten Varianten gibt liegt auf der Hand.

Es liegt mir daran, Ihnen an dieser Stelle die interessanten Ausführungen des sehr bekannten Autors Josef Kirschner zu nennen. Er schrieb vor Jahren den Bestseller „Die Kunst Egoist zu sein". In diesem Buch kommt es ihm darauf an aufzuzeigen, dass jeder laufend bestrebt sein sollte, seine eigene Person und somit seine Fähigkeiten zu erkennen und konsequent zu nutzen. Ihm liegt es absolut fern für den Egoismus eine Lanze zu brechen.

Die Erwiderungstaktik

In jeder persönlichen und geschäftlichen Phase ist es nützlich die eigene Erwiderung gezielt vorzunehmen, denn nur so besteht die Chance, dass man ganz oder zumindest weitgehend richtig liegt.

Von eminenter Bedeutung ist die Sache des Zuhörens, denn wer sich hier richtig verhält gewinnt für die Erwiderung nicht nur eine entsprechende Zeit, sondern er ist es, der durch sein geschicktes Verhalten die Regeln der subjektiven Höflichkeit anzeigt.

Dass es hinsichtlich der einzelnen Punkte und insbesondere bezüglich der sehr persönlichen Taktik die unterschiedlichsten Varianten gibt, liegt auf der Hand und ist auf die Verschiedenart der Menschen sowie Themen zurückzuführen. Aufgrund dieser Fakten sind viele Menschen überfordert und reagieren fast immer viel zu schnell - was zum Teil auch eine innere Unruhe ausdrückt.

Es lohnt sich immer die eigene Erwiderungstaktik selbstkritisch zu überdenken und gegebenenfalls zu verbessern.

Die überstürzten Äußerungen

Während meiner langjährigen Tätigkeit als vereidigter Sachverständiger konnte ich immer wieder feststellen, dass viele Menschen sich viel zu schnell äußern und festlegen. Die Ursachen sind verschiedener Art und liegen primär im Subjektiven.

Alle Reaktionen und Handlungen basieren letzten Endes auf den Genen - der Herkunft und nicht zuletzt der Aus- und Fortbildung. Hinzu kommt, dass der eigene Wille eine wichtige Rolle spielt. Weiterhin ist die jeweilige Reaktion auch vom Alter abhängig.

Die obige Auflistung zeigt Ihnen deutlich auf, dass es sich in den meisten Fällen auszahlt, hinsichtlich der Reaktionen - sei es mündlich oder schriftlich - sich möglichst nicht zu schnell zu äußern oder festzulegen.

Nur so liegt man richtig und zeigt an, dass man sich stets aktiv bemüht sehr überlegt - also ohne entsprechende Schnellschüsse - zu reagieren.

Eigene Anmerkungen:

Weniger ist Mehr

Ein Thema das bezüglich unseres privaten Lebens eine große Bedeutung hat.

Die materiellen Vorstellungen und Ansprüche der meisten Menschen sind m. E. viel zu hoch. Hierbei denke ich primär an den sogenannten privaten Wohlstand - er ist es, der von vielen überbewertet wird. Aufgrund dieser falschen Einschätzung legen die diesbezüglichen Menschen ein Gewinnstreben an den Tag, das kaum innere Werte kennt.

Die Gründe des Wohlstandsstrebens sind fast ausschließlich subjektiver Natur. Hierbei denke ich an:
- Prestige,
- das äußere Erscheinungsbild,
- die Wohnverhältnisse
- Ernährung incl. Getränke und
- Kleidung.

Die obigen Fakten zeigen Ihnen deutlich die Problematik des sogenannten Wohlstandes auf.

Die entsprechende Praktizierung ist nicht nur von dem Einzelnen, sondern auch seiner näheren Umgebung stark abhängig.

Es liegt auf der Hand, dass jede persönliche Beschränkung - und zwar innerlich wie äußerlich - ein diesbezügliches Format verlangt. Hierbei denke ich primär an entsprechende übertriebene Anschaffungen (z.B. Haus- und Wohnungseinrichtungen, Kleidung, Ernährung, Getränke etc.).

Dass es bezüglich des übertriebenen Wohlstandes die verschiedenartigsten Varianten gibt liegt auf der Hand und ist primär darauf zurückzuführen, dass wir Menschen und auch die objektiven Verhältnisse sehr verschieden sind.

Um eine selbstkritische Bemerkung anzubringen sei darauf hingewiesen, dass auch ich über Jahre oft einen zu hohen Wohlstand anstrebte. Zum Glück erkannte ich eines Tages die Fehler und beschränkte mich sodann bei den Anschaffungen auf das Wesentlichste. Dies führte automatisch zu einer beachtlichen Erhöhung der ideellen Werte.

Viel zu spät . . .

Wenn Sie sich in Ihrer näheren und weiteren Umgebung einmal konkret umsehen, werden Sie sehr schnell feststellen, dass die meisten Menschen ihren Tag viel zu spät beginnen. Sie sind es, die in meinen Augen nicht oder noch nicht erkannt haben, was ein früher Start in den Tag für enorme Vorteile in sich trägt.

Die Ursachen der rein subjektiven Verspätung sind verschiedener Natur und liegen primär im Subjektiven und sekundär im Objektiven.

Ganz zu schweigen davon, dass es auch, und zwar im beachtlichen Umfang, eine Frage der **persönlichen Intelligenzstufe** ist, denn wer hier nicht die richtigen Register zieht, gehört oft nicht unbedingt zu Menschen, die wissen wann was zu tun ist. Natürlich gibt es immer wieder Ausnahmen.

Lassen Sie mich bitte etwas mehr ins Persönliche gehen.

Ich habe mir seit vielen Jahren angewöhnt möglichst früh aufzustehen und merke schon lange, dass das gezielte Vorgehen die rein **individuelle Situation** enorm verbessert hat. Die Vorteile entstehen primär deshalb, weil man im eigenen Haus oder der Wohnung am frühen Morgen von Dritten nicht abgelenkt wird - man hat also sein Reich für sich und kann schalten und walten wie man will.

Das klingt einfach, ist allerdings nicht leicht zu erreichen, denn Sie müssen damit rechnen, dass ein diesbezügliches Vorgehen oft von Dritten - sei es die eigene Frau oder die Kinder - nicht gern gesehen wird und diese es sind, die mit gezielten Mitteln dagegen arbeiten - also versuchen Sie, sie in ihre persönlichen Schranken zu verweisen.

Ich habe entsprechende Beispiele immer wieder beobachten können und dabei festgestellt, dass viele sehr früh aufgaben, eine zunächst vorgehabte, rein persönliche Änderung vorzunehmen.

Auch an dieser Stelle sei festgehalten, dass nicht nur die Menschen, sondern auch die objektiven Verhältnisse immer wieder sehr verschieden sind. Ich möchte Ihnen damit aufzeigen wie unterschiedlich wir Menschen und auch die objektiven Dinge sind.

Analoges gilt natürlich auch für den Abend. Wer vom Gefühl her dazu neigt abends zeitweise allein zu sein, um seinen rein persönlichen und beruflichen Gedanken besser nachgehen zu können, befindet sich genauso auf dem richtigen Weg, wie die Menschen, die am frühen Morgen gezielt aktiv tätig sind.

Wer sich hier angesprochen fühlt überlegt vielleicht, ob er einen Versuch in Richtung früherem Aufstehen startet. Tut er dies, merkt er schon am ersten Tag, dass die neue Taktik ihm Freude und somit auch einen beachtlichen Erfolg bringt.

Jung und müde

Im Leben kommt es bekanntlich stets darauf an eine beachtliche Aktivität zu entfalten - nur so lässt sich etwas erreichen.

Um aktiv zu werden müssen bestimmte Voraussetzungen vorliegen. Hierbei denke ich primär an Gene, Erziehung und Ausbildung. Hinzu kommt, dass unser persönlicher Wille eine dominierende Rolle spielt.

Wer eine individuelle Aktivität erkennt und praktiziert befindet sich gegenüber Dritten immer in der Vorhand. Er ist es, der entsprechende Gedanken hat und konsequent verfolgt.

Ganz anders sieht es bei den Menschen aus, die eine gewisse oder **beachtliche Passivität** in sich tragen und oft täglich praktizieren. Die Ursachen sind verschiedener Natur und liegen ausschließlich im Subjektiven. Wer zu diesem Personenkreis - und dieser hat eine beachtliche Größe - gehört, dem sei geraten eine selbstkritische Analyse vorzunehmen und entsprechende Register hinsichtlich größerer Aktivität zu ziehen.

Ist man selbst nicht in der Lage die Problematik zu erkennen und zu ändern, zahlt es sich aus einen versierten Berater hinzuzuziehen, denn nur so kann der **Kreislauf der Passivität** durchbrochen werden.

Es steht außer Zweifel, dass gerade in der heutigen Zeit schon viele junge Menschen oft müde sind. Die Ursachen sind verschiedener Natur und liegen primär im Subjektiven. Auch ist festzuhalten, dass oft die Eltern im Rahmen einer problematischen oder sogar falschen Erziehung mit schuldig sind. In diesen Fällen liegt oft ein absolut falsches - nämlich zu großes Verwöhnen vor.

Die obige subjektive Beurteilung zeigt sicherlich erneut auf, welche große Bedeutung **die persönliche Aktivität** immer wieder hat.

Wer es versteht seine individuelle Aktivität schon in jungen Jahren zu erkennen und insbesondere zu praktizieren, ist gegenüber anderen immer in gewissem Vorteil. Er ist es, der stets entsprechende Gedanken und Ziele hat und diese konsequent verfolgt.

Ganz anders sieht es mit Menschen aus, die eine **subjektive Passivität** in sich tragen; sie sind es die sich meistens schon seit Jahren in problematischen Situation befinden und zwar deshalb, weil bei ihnen oft die Passivität dominiert.

Dass dies für die Betreffenden oft nicht nur von Nachteil, sondern vom Grundsatz her sogar sehr schlimm ist, bedarf keiner besonderen Erläuterung.

Die geschilderten rein subjektiven Betrachtungen und Urteile zeigen Ihnen sicherlich erneut an, welche enorme Bedeutung unsere subjektive Aktivität hat.

Tipps und Ratschläge

Im privaten und beruflichen Leben spielen Tipps und Ratschläge eine beachtliche Rolle, und zwar deshalb, weil sie es sind, die im Kern eine beachtliche Lebens- und Berufserfahrung beinhalten.

Entsprechenden Hinweisen sollte eine große Aufmerksamkeit gewidmet werden und zwar insbesondere dann, wenn die Tipps von einem Menschen kommen der seriös und erfahren ist.

Handelt es sich um praxisnahe Ratschläge sind diese in der Regel wesentlich schneller als theoretische umzusetzen.

Man kann immer wieder feststellen, dass Menschen es vom Inneren her ablehnen sich von anderen beraten zu lassen.

Die Ursachen sind verschiedener Natur - sie sind sehr subjektiv bedingt und basieren oft auf einem falschen Ehrgeiz. Im Extremfall handelt es sich bei dieser Ablehnung sogar um eine gewisse Arroganz.

Derjenige der Tipps und Ratschläge von anderen übernimmt, spart oft eine Menge Anlaufkosten und zeigt durch seine innere Bereitschaft eine beachtliche Klugheit.

Die Entschuldigung

Ein Thema das im Persönlichen wie auch Beruflichen eine enorme Bedeutung hat.

Sie können täglich Menschen beobachten die es sowohl im Privaten wie auch Geschäftlichen nicht fertig bringen, sich für ihre begangenen Fehler zu entschuldigen.

Die Ursachen sind verschiedener Natur und liegen fast ausschließlich im rein Subjektiven.

Eltern, Pädagogen und insbesondere Ausbilder sind gehalten die Wichtigkeit einer Entschuldigung möglichst früh zu erkennen und insbesondere jungen Menschen die große Bedeutung der Entschuldigung zu übermitteln.

Dies geschieht am besten im Rahmen von Beispielen des praktischen Lebens.

Um Worte einer gezielten Entschuldigung zu finden muss der Betreffende in der Regel eine beachtliche **innere Kraft** aufwenden. Wer dies erkannt hat und praktiziert liegt nicht nur richtig, sondern er ist es, der eine gute persönliche Taktik an den Tag legt.

Bei der Wortwahl kommt es sehr darauf an Klarheit und Deutlichkeit zu wählen. Es nutzt also wenig wenn man eine Entschuldigung nur verschlüsselt vorbringt.

Analoges gilt für eine schriftliche Entschuldigung - sie sollte ebenfalls klare und deutliche Worte enthalten, denn nur so erzielt man die gewünschte Bedeutung.

Der Zwischenbescheid

Im privaten und beruflichen Bereich ist es immer wieder erforderlich einen Zwischenbescheid zu geben. Dies ist darauf zurückzuführen, weil sich bestimmte Dinge oft verzögern - also nicht fristgerecht erledigt werden können.

In der Praxis sieht es so aus, dass viele Menschen es nicht verstehen dem Partner oder Kunden einen Zwischenbescheid zu geben.

Dieses Versäumnis macht fast immer einen schlechten Eindruck und sollte unbedingt vermieden werden.

Wer bezüglich eines Zwischenbescheides die Initiative telefonisch oder schriftlich ergreift zeigt damit seine Höflichkeit an - er ist es, der stets auf eine Imagepflege großen Wert legt.

Derjenige der hinsichtlich obiger Sache einen entsprechenden Nachholbedarf hat, sollte in Zukunft die o.g. Hinweise aktiv verfolgen. Schon nach den ersten Schritten wird er merken, dass sich dies für ihn absolut positiv auszahlt.

Eigene Anmerkungen:

Die verstaubte Visiten-Karte

Im privaten und beruflichen Leben ist es fast immer sinnvoll und somit erforderlich sich eine Visitenkarte zuzulegen. Vor der Anfertigung sollte man sich hinsichtlich der Größe und des Textes von guten Druckereien beraten lassen. Eine extreme Größe und Farbgestaltung sollte vermieden werden.

Nach dem Erwerb der Visitenkarten haben wir möglichst immer einige bei uns zu tragen - um sie stets im Rahmen von neuen Kontakten zur Hand zu haben.

Um nunmehr auf die gewählte Überschrift einzugehen sei folgendes ausgeführt. In vielen privaten und beruflichen Situationen lernen Sie Menschen kennen die hinsichtlich ihres Auftretens und Handelns danebenliegen. Die Ursachen sind primär subjektiver Natur. Und zwar deshalb, weil sie im Rahmen ihrer Praktizierung nicht eine **volle Geradlinigkeit** an den Tag gelegt haben; sie sind es die das Soziale vermissen ließen.

Es liegt auf der Hand, dass es hinsichtlich dieses Faktums die unterschiedlichsten Variationen gibt.

Ich habe immer wieder Menschen kennen gelernt die eine verstaubte Visitenkarte mit sich trugen. Hierbei denke ich in erster Linie an gewisse unseriöse Handelsvertreter.

Jeder sollte sich also bemühen, dass seine Visitenkarte möglichst das ganze Leben glänzt - also keinerlei Staub ansetzt. Dies ist durch eine private und berufliche volle Korrektheit zu erreichen.

Das Zwischenfunken

Immer wieder lässt sich feststellen, dass in allen Bereichen Menschen laufend folgenden Fehler machen:

Sie sind es, die dem Gegenüber oft gar keine Chance geben seine Sache voll vorzutragen. Der Zuhörer ist oft mit einer schlimmen **inneren Unruhe** behaftet; diese veranlasst ihn, möglichst schnell eine Erwiderung in Richtung des Vortragenden zu bringen. Dass dies meistens danebengeht, liegt auf der Hand. Diese Vorgehensweise ist nicht nur unhöflich, sondern auch sehr ungeschickt. Eine überstürzte Stellungnahme geht auch schon deshalb meistens ins Auge, weil der Verursacher zu wenig Zeit hat um über diese Sache ausreichend nachzudenken. Es liegt also eine beachtliche Oberflächlichkeit vor. Hinzu kommt, dass durch ein entsprechendes Vorgehen keine Grundlage besteht um ein vernünftiges Gespräch oder sogar eine fachliche Diskussion zu führen.

Vereinfacht ausgedrückt könnte man auch sagen: **in der Beschränkung zeigt sich der Meister.**

An dieser Stelle denke ich an ein sehr interessantes Seminar, das ich vor Jahren in der „Akademie für Führungskräfte der Deutschen Wirtschaft" in Bad Harzburg besuchte. Seinerzeit hatte der Referent die Sache ähnlich geschildert und fand sehr schnell die volle Zustimmung der Seminarteilnehmer.

Aktienfonds

Wer einen Teil seiner Ersparnisse auf die hohe Kante legen möchte, sollte sich auch mit dem Thema Aktienfonds befassen. Es handelt sich hierbei um eine interessante Vermögenssparte.

Ehe man in dieses Thema näher einsteigt ist es unumgänglich sich möglichst umfassend zu informieren. Andernfalls kann es schnell zu einer Fehlentscheidung kommen. Bekanntlich ist nichts schädlicher als überstürzt - also ohne nennenswerte Fachkenntnisse - in eine neue Sache zu investieren. Die Möglichkeiten umfassender Informationen waren noch nie so umfangreich und gut wie heute. Von Bedeutung ist allerdings, die richtigen Register zu ziehen.

Wir werden heute über die Fachpresse umfassend unterrichtet. Fast laufend bringen führende Wirtschaftszeitungen diesbezügliche Artikel. Hinzu kommt, dass wir uns über entsprechende Fachbücher informieren können. Außerdem ist es sinnvoll, mit einem versierten Mitarbeiter der Hausbank oder einer anderen Bank Gespräche zu führen. An dieser Stelle wird allerdings mit Nachdruck darauf hingewiesen, dass noch lange nicht jeder Bankangestellte in der Lage ist Ihnen gute Informationen zu unterbreiten. Sie sollten also bereits am Anfang des entsprechenden Gespräches herauszufinden, ob er für Sie der richtige Mann ist. Stellen sich bei Ihnen Bedenken ein, so lassen Sie sich einen versierteren Mitarbeiter nennen. Gegebenenfalls muss ein diesbezügliches Informationsgespräch mit einer anderen Bank geführt werden. Die enorme Vielzahl der Aktienfonds erschwert die Einholung konkreter Informationen. So kann es dienlich sein, sich nach der ersten Informationsstufe auf einige wenige Fonds zu konzentrieren. Die Vorauswahl sollten Sie mit Ihrer Bank bzw. einem versierten Vermögensberater vornehmen. Wird diese Konzentration nicht oder viel zu spät durchgeführt besteht die Gefahr, dass wir eine Fehlinvestition vornehmen.

An dieser Stelle sei erwähnt, dass ich vor Jahren folgendermaßen vorging:

Nach der Informationsphase ermittelte ich welche Fonds meine Hausbank seit längerer Zeit vertreibt und ließ mir besonders nachweisen, welche Fonds sich seit fünf bis zehn Jahren bewährt haben. Diesbezügliche Zahlen liegen sowohl Ihrer Bank als auch der Fachpresse vor - verständlicherweise werden sie alle paar Monate fortgeschrieben. Vorgenanntes ist deshalb unbedingt notwendig, weil sich bekanntlich die Kurse der Aktienfonds - analog zu den Aktienkursen - fast täglich ändern. Gehen Sie bitte davon aus, dass die Kurse der Aktienfonds genauso einem Auf und Ab unterliegen, wie die der Aktien. In dieser Tatsache spiegelt sich das Kursrisiko von Aktienfonds wieder. Wer nicht bereit ist ein diesbezügliches Risiko einzugehen, sollte von Anfang an die Finger von Aktienfonds lassen. Für ihn ist es besser, wenn er sich Rentenpapiere kauft bzw. in einen Rentenfonds investiert oder aber sein „geliebtes Sparbuch" beibehält. Dass bei letzterem vorwiegend die Bank diejenige ist, die einen beachtlichen Profit einstreicht, liegt völlig auf der Hand.

Im Rahmen des Kaufes von Aktienfonds unterscheiden wir zwischen einer einmaligen Investitionssumme und einem laufenden monatlichen Ankaufsbetrag. Insbesondere derjenige, der meint er könnte jetzt zu einem relativ günstigen Kurs einsteigen, sollte einen höheren Betrag investieren. Junge Menschen die zunächst nicht in der Lage sind einen höheren Betrag für den Ankauf zur Verfügung zu stellen, sollten mit der Bank einen Ansparplan absprechen. In diesen Fällen beträgt der monatliche Ankaufsbetrag etwa einhundert Euro.

Hat man Ihnen von Seiten der Bank aufgezeigt welche mittleren und größeren Aktienfonds seit fünf bis zehn Jahren vertrieben werden und welche davon gute jährliche Renditen - hierbei denke ich an jährliche Kurssteigerungen von durchschnittlich fünf bis zehn Prozent pro Jahr - aufweisen, rate ich Ihnen, in Verbindung mit Ihrem Berater, die Selektion vorzunehmen.

Spezialfonds befassen sich - wie der Name schon sagt - mit einzelnen Branchen. Weitgestreute Aktienfonds haben bekanntlich eine viel größere Bandbreite und sind aus diesem Grunde nicht so risikoreich. Hierbei denke ich z.b. an die weit verbreiteten Aktienfonds europäischer Aktien. Gerade am Anfang eines Einstiegs erscheint es mir sinnvoll das entsprechende Risiko gering zu halten. Hat man sich einige Jahre auf diesem Feld bewegt, kann man durchaus etwas risikofreudiger vorgehen. Natürlich ist die Risikofreudigkeit in erster Linie subjektiv bedingt - auch hängt sie verständlicherweise vom Geldbeutel des Einzelnen ab.

Ein möglichst günstiger Ersteinstieg ist Ihnen auch dann möglich, wenn Sie über Ihre Bank die Kenntnis erhalten sollten, dass jetzt oder aber in Kürze ein neuer Fonds zur Auflage kommen wird. Hierbei ist allerdings von eminenter Bedeutung, dass der neue Fonds von einem bewährten Fondsmanagement betreut wird. Das begründet sich damit, weil dadurch eine gewisse Gewähr besteht, dass auch der neue Fonds gute Ergebnisse erzielen kann. Ein neuer Fonds hat den Vorteil, dass er oft von einem relativ niedrigen Niveau startet. Dadurch ist eine Kurssteigerung eher möglich.

Die Banken nehmen für den Ankauf von Fonds entsprechende Ankaufgebühren; sie bewegen sich in der Regel zwischen drei und fünf Prozent. Nur sehr wenige Fonds werden gebührenfrei aufgelegt. Bei diesen Fonds fallen dann meistens höhere jährliche Verwaltungsgebühren an.

Da die Discountbanken hinsichtlich der Ankaufsgebühren Nachlässe von ca. 30 bis 100 Prozent gewähren, lohnt es sich mit seiner Bank einen entsprechenden Rabatt auszuhandeln. Aus Erfahrung weiß ich, dass dies die meisten Banken gern tun. Das tun sie deshalb, weil sie Sie hinsichtlich der Geldanlage nicht verlieren wollen.

In der Regel ist es von Vorteil den Ankauf von Aktienfonds über eine Großbank vorzunehmen. Dies hat nämlich den Vorteil, dass sie sich die Möglichkeit des Wechsels in einen anderen Fonds bei Ihrer Bank offenhalten. Für einen derartigen Wechsel werden von den meisten Banken sodann keine neuen Ankaufsgebühren berechnet. Ein Wechsel kann dann von Vorteil sein, wenn Sie im Rahmen der laufenden Kursbeobachtungen merken sollten, dass der erworbene Aktienfonds sich doch nicht so günstig entwickelt wie Sie es zunächst erwartet haben.

Aus obigen Ausführungen haben Sie u. a. ersehen, dass es unerlässlich ist die Kurse Ihrer Aktienfonds möglichst täglich zu kontrollieren. Dies ermöglichen Ihnen die großen Tageszeitungen in denen die Kurse laufend veröffentlicht werden. Finden Sie die Kurse nicht in Ihrer Tageszeitung, können Sie diese durch eine kurze telefonische Rücksprache bei der Bank oder im Internet feststellen. Es ist auf keinen Fall sinnvoll den Kauf längere Zeit schlummern zu lassen. Wie oben bereits erwähnt können sich die Kurse im Rahmen einer Baisse oder sogar im Rahmen eines Crashs über Nacht nach unten bewegen. In so einem Falle sollte möglichst sehr schnell entschieden werden, ob man noch aussteigt oder aber - was für viele ein durchaus gangbarer Weg ist - die Kurserholung abwartet. Dass eine entsprechende Erholung der Kurse manchmal sogar schon innerhalb weniger Tage oder Wochen erfolgt, liegt auf der Hand. Allerdings kann es auch Monate oder sogar Jahre dauern bis der alte Kurs wieder erreicht ist. Ein gewisser oder sogar sehr großer Kursrückgang sollte von Ihnen eventuell als Ersteinstieg oder aber zum weiteren Kauf genutzt werden. Hier ergeben sich nämlich - analog zu einer Aktienbaisse - entsprechende Chancen.

Alle Entscheidungen sollten voll mit Ihrem Bankberater abgesprochen werden.

Lassen Sie mich bitte noch einige Worte zur Versteuerung sagen. Es ist unumgänglich die eventuellen Investitionen auch mit Ihrem Steuerberater zu besprechen.

Es steht außer Zweifel, dass die Aktienfonds sich weiterhin großer Beliebtheit erfreuen werden. Diese Vermögensbildung wird auch in Zukunft bei so manchem Anleger Bestandteil der Geldanlage und Altersversorgung sein.

Um am Schluss ein wenig abschweifen - noch einige Worte zum Thema **AKTIEN**: Nur eine sehr geringe Zahl von Anlegern verdient mit ihnen. Die meisten Aktien-Käufer streichen nur Eins ein – nämlich Verluste.

Hierbei denke ich an **KOSTOLANY**, dessen Seminare ich mehrfach gern besuchte, der immer wieder sagte: „Die Börse lässt sich nicht berechnen oder vorhersagen." Die Richtigkeit dieser Aussage habe ich über Jahre feststellen müssen - meine Verluste überstiegen die sogenannten Gewinne!

Seminare

Es ist von nicht zu unterschätzender Bedeutung sich im Berufsleben stätig weiterzubilden. Entsprechende Möglichkeiten werden uns gerade in der heutigen Zeit immer wieder geboten.

Die entsprechende Auswahl ist mit Überlegung und Sorgfalt vorzunehmen, denn andernfalls besteht die große Gefahr, dass man ein Seminar besucht, das - wenn überhaupt - nur zum Teil unseren Wünschen und Vorstellungen entspricht.

Wird die Auswahl von dem Arbeitgeber vorgenommen sollte auch er sie nur entsprechend qualifizierten Mitarbeitern übertragen.

Derjenige, der die entsprechende Auswahl vornimmt, sollte genau wissen welche Anforderungen an den Seminarleiter zu stellen sind, denn er ist es, der die große Linie bestimmt.

Liegt hinsichtlich der Auswahl und der gezielten Themen der Idealfall vor, kann man bereits von Anfang an davon ausgehen, dass ein erstklassiges Ergebnis zu erzielen ist.

Von enormer Bedeutung ist auch die Einholung von entsprechenden Referenzen.

Nicht zuletzt sei auf die Höhe des Honorars verwiesen. Wer hier zu sparsam vorgeht wird in der Regel keinen Seminarleiter finden der überdurchschnittliche Leistungen erbringt. Oft werden die Seminarkosten voll vom jeweiligen Arbeitgeber getragen.

Man sollte also vor einer entsprechenden Beauftragung konkrete Prüfungen - sei es durch Einholung von Referenzen - unbedingt vornehmen.

Meistens ist es auch angebracht bei der zuständigen Industrie- und Handelskammer diesbezügliche konkrete Auskünfte einzuholen.

Jedes gezielt und erfolgreich durchgeführte Seminar erhöht automatisch die **subjektive Intelligenz-Stufe** der Mitarbeiter und führt somit meistens zu einem wesentlich besseren Betriebsergebnis. Hinzu kommt, dass auch das Subjektive beachtlich verbessert wird.

Der Telefonbucheintrag

Trotz der großen Bedeutung des Internets ist unbedingt darauf zu achten, dass jede private und insbesondere berufliche Eintragung im Telefonbuch einen entsprechenden werbemäßig guten Text beinhaltet.

Entsprechende Mängel können Sie in den entsprechenden Telefonbüchern immer wieder feststellen. So werden z.B. von bestimmten auf Bundesebene tätigen Baumärkten oft nur Mini-Eintragungen vorgenommen. Analoges gilt für viele Anwalts- und Notariatskanzleien sowie Banken.

In obigen Fällen wird von den Betreffenden die Werbung deshalb stark vernachlässigt, weil sie ihre große Bedeutung privat und beruflich unterbewerten.

Es ist sinnvoll die eigenen privaten oder auch geschäftlichen Eintragungen, die im entsprechenden Telefonbuch vorhanden sind, konkret zu prüfen und gegebenenfalls entsprechende Änderungen vorzunehmen. Oft ist es auch angebracht die entsprechenden Fragen mit einem Werbefachmann zu erörtern.

Das Verzeihen

Ein Thema das hinsichtlich des Persönlichen eine große Bedeutung hat. Immer wieder passieren Dinge, die sich später als nicht mehr vertretbar oder sogar falsch herausstellen.

Die Anlässe sind verschiedener Natur - sie hängen in erster Linie von den einzelnen Personen und nicht zuletzt auch von den Sachthemen ab.

Eltern und Erzieher sowie Vorgesetzte sind gehalten den Kindern und der Jugend die Problematik und insbesondere die große Bedeutung des Verzeihens zu erläutern und beizubringen. Es handelt sich dabei um Schritte die insbesondere in pädagogischer Hinsicht eine enorme Bedeutung haben.

Hat man einem Dritten Unrecht getan - oder sogar rein persönlich verletzt, sollte man sehr schnell überlegen welche Schritte hinsichtlich eines Verzeihens oder eine Entschuldigung angebracht sind.

Zu derartigen Überlegungen gehört eine gewisse oder sogar sehr beachtliche innere Ruhe und Größe, die viele aufgrund ihrer Hektik nicht mehr haben.

Hat man im Rahmen einer selbstkritischen Prüfung die Ursachen festgestellt, gilt es alles zu tun um möglichst zügig und umfassend eine Berichtigung vorzunehmen.

Hinsichtlich einer Realisierung des Verzeihens kann man immer wieder beobachten, dass Menschen Differenzen über einen beachtlichen Zeitraum vor sich herschieben - also nicht den Mut haben gegenüber dem anderen die Sache zu klären.

Ein derartiges Verhalten ist absolut falsch und zwar deshalb, weil jede Verzögerung dazu führt, dass sich die negative Sache noch mehr festsetzt - also an Bedeutung gewinnt.

Menschen die den Weg der Verzeihung gegangen sind, gewinnen nicht nur an innere Stärke, sondern zeigen auch Dritten ihre beachtliche menschliche Bedeutung.

Ist dieser Weg einmal beschritten worden, wird man ihn in Zukunft öfter gehen.

Eltern und Erzieher sowie Vorgesetzte sind gehalten den Kindern und der Jugend sowie den Auszubildenden die Problematik und insbesondere die große Bedeutung des Verzeihens zu erläutern und zu lehren. Es handelt sich dabei um Schritte die insbesondere in pädagogischer Hinsicht eine enorme Bedeutung haben.

Eigene Anmerkungen:

Der private Etat

Jeder Mensch räumt dem Geld eine andere Bedeutung ein. Der Wert des Geldes ist also stark subjektiv bedingt. Im Einzelfall spielen die eigene familiäre Historie sowie die privaten und beruflich gesetzten Ziele eine beachtliche Rolle. Hinzu kommt, dass die Überlegungen bezüglich dem eigenen Etat indirekt oder sogar direkt von Dritten abhängig sind, und zwar deshalb, weil wir immer wieder auf unsere persönliche Umgebung Rücksicht nehmen müssen.

Zu dem privaten Etat gehören die Kosten der Lebenshaltung sowie die Unterhaltungskosten für Haus und Wohnung sowie die Kosten des PKWs festzuhalten.

Hinsichtlich des eigenen Etats gilt es stark den Grundsatz des Sparens - also der Bildung von Reserven - einzubeziehen, denn nur derjenige wird die Planungen und Realisierungen erfolgreich durchführen können, der immer wieder bestrebt ist Reserven zu bilden.

Hinsichtlich seines privaten Etats sollte man sich möglichst auf ein Minimum begrenzen. Auch hier könnte man sagen, **Weniger ist Mehr.**

Menschen die ihren Etat voll im Griff haben verstehen es die Einnahmen und Ausgaben auf ein vernünftiges Maß einzupendeln. Die Vorgehensweise dieser Menschen kann man in der Regel durchaus als beispielhaft bezeichnen.

Ganz anders sieht es bei denjenigen aus, die ihre finanzielle Sache nur sehr beschränkt oder gar nicht im Griff haben. Hierbei denke ich primär an diejenigen, die sich sehr schnell in Richtung einer beachtlichen Verschuldung bewegen.

Die permanente Jagd nach dem Geld

Aufgrund der großen Überbewertung von Prestige und Geld können Sie im Subjektiven und Objektiven täglich feststellen wie Menschen eine gewaltige Jagd nach dem Geld vornehmen. Gegen ein ehrliches Geldverdienen ist nichts einzuwenden - insbesondere deshalb, weil es zu unserem täglichen Leben gehört.

Da viele Menschen in unnatürlichen Verhältnissen leben - leben müssen - bilden sich dort sehr schnell Ansätze zu einer problematischen Vorgehensweise. Menschen die in schwierigen Verhältnissen aufwachsen und leben beschreiten oft unbewusst entsprechende fragwürdige Wege.

Derjenige der ins Berufsleben einsteigt oder sich seit Jahren in entsprechender Tätigkeit befindet, sollte immer wieder bestrebt sein nur gradlinig vorzugehen. Das erfordert allerdings, dass man gelegentlich oder sogar des Öfteren auf finanzielle Verlockungen, die einen unseriösen Inhalt haben, unbedingt verzichtet.

Leider kann man praktisch täglich Menschen beobachten die aus vorwiegend privaten Gründen laufend die Jagd nach dem Geld aktiv vornehmen - sie sind es die praktisch nur noch an das schnelle Geldverdienen denken und immer wieder aktiv versuchen, mit möglichst wenig Aufwand, schnell und viel Geld zu verdienen. So entsteht ein Kreislauf der Problematik oder sogar der Unseriösität.

Dass es hinsichtlich genannter Praktizierung die verschiedensten Varianten gibt liegt auf der Hand und ist primär darauf zurückzuführen, dass wir Menschen sehr verschieden sind und dass die Möglichkeiten und an den Tag gelegten Taktiken ebenfalls sehr verschieden sind.

In meiner beruflichen Laufbahn bin ich immer wieder auf entsprechende Menschen gestoßen und konnte diese praktisch nie von ihren unseriösen Machenschaften abhalten. In diesen Fällen brach ich den persönlichen Kontakt bereits in der Anfangsphase ab.

Die Vermögens-Beratung

Ein Thema, das eine enorme Bedeutung hat - insbesondere für junge Menschen die dabei sind die ersten Vermögensdinge zu ordnen.

Wie auch in anderen Sparten gilt es sich möglichst frühzeitig umfassend zu orientieren ehe man die ersten kleinen oder sogar größeren Entscheidungen trifft. Wer auf diesem Gebiet unerfahren ist kommt an guten Informationen oder aber der Einschaltung eines versierten Beraters nicht vorbei.

Erfreulicherweise gibt es genügend gute Beispiele die als Referenz dienen können und über die man einen entsprechenden absolut positiven Einstieg vornehmen kann. Allerdings sollten Sie sich hinsichtlich dieser fachlichen Sondierungen genügend Zeit nehmen, denn wer hier überstützt handelt, wird oft entsprechende Fehler hinnehmen müssen.

Dass laufend Menschen entsprechende kleine oder sogar gravierende Fehler tun, liegt auf der Hand - sie sind es, die die oben angerissenen Grundsätze nur teilweise oder sogar voll nicht beachten.

Am Anfang der ersten Sondierungen gilt es zu überlegen, welches Ziel man anstrebt. Hierbei stellt sich die Frage ob man für mittel- oder aber langfristige Investitionen eine entsprechende Vorsorge treffen will.

Ist diese Grundsatzentscheidung gefallen, müssen weitere Schritte eingeleitet werden. Die Vertiefung kann dadurch geschehen, dass Sie sich entsprechende Fachliteratur besorgen oder die Betreuung eines versierten Bankberaters einholen. Wer einen diesbezüglichen Fachmann einschaltet, muss an ihn hohe Anforderungen stellen - alles andere geht zu Lasten des Auftraggebers.

Von eminenter Bedeutung ist die laufende Beobachtung und Kontrolle des eingeschalteten Beraters. Hier gilt es strenge Maßstäbe anzulegen und im Falle einer problematischen Beratung entsprechende neue Entscheidungen zu treffen.

Zusätzlich wird an dieser Stelle auf meine umfangreichen Ausführungen in dem Kapitel „Aktienfonds" Bezug genommen.

Eigene Anmerkungen:

Das Delegieren

Wer hinsichtlich seiner beruflichen Tätigkeit die erste Stufe des Aufstieges erreicht hat, sollte überlegen welche Arbeiten er delegieren kann. Tut man dies, so zeigt man sich selbst und Dritten, dass man sich stets bemüht gedanklich tief in die entsprechende Materie einzusteigen und dass man indirekt oder sogar direkt daran denkt, seinen Tätigkeitsbereich hinsichtlich des Volumens auszubauen.

So verschieden wie die einzelnen Arbeiten sind, sind auch die Möglichkeiten des Delegierens. Hinzu kommt, dass nur derjenige delegieren kann, der eine gewisse oder sogar beachtliche Intelligenzstufe bereits erreicht hat, denn die anderen verharren in ihrer Stellung und meinen sie würden durch das Delegieren an Einfluss verlieren.

Analoges gilt für das Private. Auch hier bieten sich also entsprechende Chancen, die erfreulicherweise von den meisten wahrgenommen werden. Um etwas mehr ins Detail zu gehen sei festgehalten, dass viele Ehemänner es sehr verstehen bestimmte Aufgaben und Arbeiten der Ehefrau oder sogar schon den Kindern zu übertragen.

In meiner langjährigen Tätigkeit als Bezirksstellenleiter und Zweigstellenleiter halbstaatlicher Agrargesellschaften habe ich es mir schon in jungen Jahren angewöhnt, so viel wie möglich zu delegieren. Die Bestätigung zeigen Ihnen vielleicht folgende Fakten.

Ich übertrug seinerzeit bereits - und zwar in hohem Umfang - entsprechende Unterschriftsvollmachten an Handlungsbevollmächtigte, Bauleiter, Sachbearbeiter etc. Dies führte dazu, dass ich nur noch ca. 5 % der Ausgangspost unterschrieb. Auch ließ ich mir die entsprechenden Durchschläge der Briefe nicht vorlegen.

Dass dies die Mitarbeiter nicht nur gern sahen, sondern sie aufgrund dessen noch mehr Aktivität und Idealismus zeigten, liegt auf der Hand.

Obige Ausführungen und Argumentationen sind für Sie vielleicht nicht nur interessant, sondern zeigen Ihnen erneut auf, wie es stets darauf ankommt alle Planungen und Arbeiten so durchzuführen, dass möglichst schon am Anfang im Inneren oder Unterbewusstsein eine beachtliche Analyse zu erfolgen hat.

Wer dies tut wird auch den Weg des Delegierens erfolgreich gehen.

Die Grenzen der Belastung

Im täglichen Leben kommt es immer wieder darauf an die eigenen Grenzen der Belastung zu erkennen. Dies gilt sowohl für das Private wie auch für die beruflichen Dinge.

Seine Grenzen wird nur derjenige erkennen, der in der Lage ist seine eigene Situation konkret zu analysieren. Hierzu gehört eine beachtliche **innere Ruhe** und eine entsprechende Intelligenzstufe.

Hinzu kommt, dass die persönliche und objektive Umgebung stimmen müssen, denn beide Dinge haben eine eminente Bedeutung. Stößt man bezüglich o.g. Fakten auf entsprechende positive Beispiele gilt es, sie zu analysieren und eventuell als Beispiel zu betrachten.

Entsprechende negative Beispiele können Sie laufend beobachten und sollten daraus entsprechende Schlüsse ziehen. Hierbei denke ich primär an eine stärkere Betonung des eigenen Ich - was auf keinen Fall zu einer subjektiven Arroganz führen darf.

Ganz anders sieht es in denjenigen vielen Fällen aus, wo Menschen mit den persönlichen und auch beruflichen Belastungen nicht klar kommen und sich dadurch immer wieder in einem **negativen Kreislauf** befinden. Letzteres ist gerade in der heutigen Zeit oft auf die große Überbewertung von Prestige und Geld zurückzuführen.

Zur eigenen Belastbarkeit gehört auch die Gestaltung der Freizeit. Wer es versteht früh genug entsprechende Register zu ziehen, wird sehr schnell die entsprechenden Vorteile spüren und kann sodann mit neuen Kräften die gesteckten persönlichen und beruflichen Ziele weit besser erreichen.

An dieser Stelle sei auf die enorme positive Bedeutung der Fakten, die unter den Sammelbegriff „Sport" fallen, verwiesen.

Diejenigen die hier eine gezielte Aktivität praktizieren kennen sehr wohl die großen Vorteile, die es dem betreffenden für Geist und Körper - unter Einsatz eines starken Willens - bringen.

Die BIO-Ernährung

Wie sich der einzelne ernährt ist fast immer historisch bedingt, denn praktisch jeder baut auf der Ernährung auf die er von Kind an kennt.

Es kommt sehr darauf an, dass man immer wieder darüber nachdenkt ob die Nahrungsmittel, die man täglich zu sich nimmt, auch den subjektiven und objektiven Anforderungen entsprechen. Eine diesbezügliche Überprüfung beginnt bereits mit der entsprechenden Optik, denn stimmt diese, ist man vom Inneren her bereit, die Nahrung zu verzehren.

Um eine erstklassige Optik zu erreichen werden von den Erzeugern und Vertriebsleuten entsprechende Schritte unternommen die oft dazu führen, dass die Nahrungsmittel mit Spritzmitteln etc. behandelt werden.

Hinsichtlich unserer Gesundheit ist es immer gut möglichst nur Lebensmittel zu kaufen, die voll biologisch angebaut wurden und daher in der Regel strengen Anforderungen unterliegen. An dieser Stelle wird auf die verschiedenen deutschen Gütesiegel verwiesen.

Es ist mir sehr bewusst, dass viele Mitbürger aufgrund ihres begrenzten Einkommens nicht oder nur begrenzt finanziell in der Lage sind Bio-Lebensmittel zu kaufen.

Von beachtlicher Bedeutung ist neben der Auswahl der einzelnen Lebensmittel auch das Ernährungsvolumen. Man sollte sich täglich stark bemühen das Volumen zu begrenzen - also nicht zu viel zu essen. Dass dies von vielen kaum oder gar nicht beachtet wird ist allgemein bekannt und fußt oft auf einer gewissen oder sogar beachtlichen **Willens-Schwäche.**

Man könnte auch sagen:

In der Beschränkung zeigt sich der Meister.

Die gezielten Verlockungen der Erzeuger und des Handels führen immer wieder dazu, dass man hinsichtlich der Nahrungsmenge zu viel isst.

Analoges gilt für Getränke. Auch hier werden von vielen Menschen ganz beachtliche Fehler - im Hinblick auf Volumen und Qualität - gemacht.

Erfreulich ist die Tatsache, dass wir immer wieder über Fernsehen, Rundfunk und die Fachpresse auf die entsprechenden Möglichkeiten, Probleme und Gefahren hingewiesen werden. Eine Praktizierung der o.g. Vorschläge dient nicht nur der Gesundheit sondern verbessert auch die eigene Psyche.

Die Fakten

Immer wieder ist es von Bedeutung die entsprechenden Tatsachen möglichst früh zu erkennen. Nur so kann man sich auf die diesbezüglichen Dinge einstellen. Dies gilt sowohl für die kleinen wie auch großen Fakten.

Wer den o.a. Grundsatz früh erkennt spürt sehr schnell die damit verbundenen Vorteile, denn er ist es, der aufgrund seiner derzeitigen Situation weiß, was zu beachten und zu tun ist.

Dies gilt sowohl für das Private wie auch Berufliche. Dass es hinsichtlich der Fakten die unterschiedlichsten Varianten gibt liegt daran, dass wir Menschen sehr verschieden sind und dass auch die objektiven Dinge äußerst unterschiedlich sind.

Erfreulicherweise beachten die meisten Menschen ihre jeweiligen Fakten sehr genau und wissen dadurch meistens früh genug, was zu beachten und zu tun ist.

Ganz anders sieht es bei denjenigen aus, die zwar die entsprechenden Gegebenheiten erkennen, aber oft nicht wissen was zu tun ist. Die Ursachen dieses Fehlverhaltens sind verschiedener Natur und liegen **primär im Subjektiven.**

Wer zu diesem Personenkreis gehört, sollte möglichst bald eine selbstkritische Analyse vornehmen und entsprechende Register bezüglich einer grundlegenden Verbesserung ziehen. Ist man selbst nicht in der Lage die Dinge entscheidend zu verbessern lohnt es sich einen versierten Berater hinzuzuziehen, denn nur so lässt sich eine beachtliche Verbesserung erwirken.

Eigene Anmerkungen:

Der EURO

Im Rahmen der Europäischen Union wurde die Gemein-schaftswährung des Euro geschaffen. Dies war ein großer politischer und auch wirtschaftlicher Schritt, der insbesondere ein starker Ausdruck des europäischen Willens ist.

Die Währung des Euro gilt zunächst für 17 der insgesamt 27 Mitgliedsländer. Es ist politisch nicht verwunderlich, dass bei einigen Staaten ganz beachtliche politische und somit auch wirtschaftliche Probleme aufgetreten sind. Dass sich dies auch im Rahmen der Gemeinschaft entsprechend negativ auswirkt ist ebenfalls nicht sehr außergewöhnlich.

Ob und wie die entsprechenden Probleme zu beseitigen sind wird man in den nächsten Jahren beobachten können. Diese Probleme treten primär auf in:

Griechenland – Irland - Portugal,

Italien und Spanien.

Wie bekannt, sind nach dem jetzigen Stand zur Rettung des Staatshaushaltes von Griechenland bereits ca. **240 Milli-arden Euro** zugesagt worden. Ähnliches wird sich dem-nächst insbesondere für Italien und Spanien abzeichnen. In dem Zusammenhang sei festgehalten, dass die Europäische Zentralbank nach Übernahme durch den Präsidenten Draghi bisher ca. **500 Milliarden Euro** zur Rettung entsprechender Staatshaushalte zusagte. Bezüglich der beiden letztgenannten enorm hohen Beträge, handelt es sich um den Stand vom März 2013.

Diese Zusagen sind in meinen Augen weit überzogen. Es ist fest damit zu rechnen, dass eine von politischer Seite vorgesehene Tilgung kaum oder sogar gar nicht erfolgen wird.

Die gewaltige Schuldenproblematik sollte dem einzelnen Bürger mehr als zu denken geben. Es ist sicherlich sehr angebracht entsprechende Reserven die z.b. zur Versbesserung der Altersversorgung geschaffen wurden, in andere Währungen umzuschichten. Hierbei denke ich primär u. a. an:

- den Schweizer Franken,
- den Kanadischen Dollar und
- die Norwegische Krone.

Auch ist es sinnvoll einen beachtlichen Teil der Ersparnisse in Goldbarren oder -münzen anzulegen. Dieser Anteil könnte ca. 10 bis 30 Prozent der Reserven betragen.

Wer meine o.g. Bedenken teilweise oder sogar voll teilt, sollte sich zwecks entsprechender Umschichtung mit einem erstklassigen Bank- oder Vermögensberater in Verbindung setzen.

Die Gemeinschaftswährung des Euro hat den 17 Mitgliedsstaaten bereits beachtliche politische und wirtschaftliche Vorteile gebracht. Hierbei denke ich primär an die enorme Bedeutung des Importes und Exportes.

Bei den o.g. Ausführungen schwingt sicherlich mit, dass mein Bruder Andreas Kees, 17 Jahre **Generalsekretär des Europäischen Währungsausschusses** der EU in Brüssel war.

Die Lebens-Theorie und -Praxis

In allen Lebenslagen sollten wir die Grundzüge unseres Lebens immer wieder analysieren und insbesondere erkennen. Um dies tun zu können bedarf es bestimmter Voraussetzungen - hierbei denke ich an die Gene, das Elternhaus sowie die Erziehung und nicht zuletzt die subjektive und objektive Umgebung.

Schon diese kleine Auflistung zeigt Ihnen die große Bedeutung der **subjektiven Historie** - sie ist es, die immer wieder unsere Gedanken und Fakten beinhaltet. Hinzu kommt, dass auch der persönliche Wille eine entscheidende Rolle spielt - er ist es, der sich über das Unterbewusstsein entwickelt und zeigt.

Zur Lebenstheorie gehört insbesondere die Aus- und Fortbildung, denn nur derjenige kann sein Leben erfolgreich gestalten und führen, der eine entsprechende möglichst überdurchschnittliche Ausbildung erfahren hat. Hierbei ist festzuhalten, dass gerade in unserer heutigen Zeit die Möglichkeiten der Aus- und Fortbildung ganz beachtlich sind und dadurch fast jeder Mensch die Möglichkeit hat, entsprechende persönliche und berufliche Ziele zu erreichen.

Die Fragen der Theorie sollte allerdings nicht überbewertet werden, denn sonst besteht die Gefahr, dass das rein praktische Leben benachteiligt wird. Entsprechende Beispiele in denen die Theorie zu stark dominiert, können Sie fast laufend beobachten.

Nach Abschluss der Ausbildung widmen wir uns der Lebenspraxis. Zu ihr gehört die Wahl des Berufes einschließlich der ersten beruflichen Jahre. Wer es versteht früh genug zwischen Theorie und Praxis zu unterscheiden, wird sehr schnell die ersten sehr entscheidenden beruflichen Erfolge verbuchen können. Er ist es, der zusätzlich immer wieder eine entsprechende Schwerpunktbildung anstrebt und insbesondere durchführt.

Diesbezügliche gute Beispiele kann man laufend in seiner näheren und weiteren Umgebung feststellen und sollte diese als eine gute Richtschnur ansehen.

Ganz anders sieht es in den vielen Fällen aus wo Menschen ihre absorbierte Theorie überbewerten - was sodann zu einer problematischen oder sogar schlechten Lebenspraxis führt.

Wer sich in Richtung eines derartigen **negativen Kreislaufes** bewegt, sollte unverzüglich seine Ist-Situation analysieren und konkret überlegen welche persönlichen und beruflichen Register, hinsichtlich einer entscheidenden Verbesserung, zu ziehen sind. Nur so versetzt man sich in die Lage sein Leben in die richtigen Bahnen zu lenken.

Analoges gilt in hohem Maße für das Private. Auch hier kommt es stark darauf an möglichst schon in jungen Jahren zwischen Theorie und Praxis zu unterscheiden. Hinzu kommt immer wieder der **Geradlinigkeit** oberste Priorität einzuräumen. Nur so kann man vor sich selbst und Dritten bestehen.

Aufgrund der Tatsache, dass die Menschen sehr verschieden sind, sind auch die Lebensverhältnisse und entsprechenden persönliche sowie berufliche Fakten sehr unterschiedlich. Es gilt, dies immer wieder zu erkennen und in den Besprechungen sowie Verhandlungen konkret zu berücksichtigen.

Das Konsequente

Im Leben kommt es immer darauf an, möglichst in allen Situationen das Konsequente anzustreben und dominieren zu lassen. Dies gilt für Jung und Alt. Wer es versteht, dies im privaten und beruflichen Bereich durch den Einsatz eines **starken Willens** einzusetzen, wird sehr schnell die damit automatisch verbundenen Vorteile spüren. Er ist es, der das eigene Ich konsequent zur Geltung bringt und sich selbst sowie gegenüber Dritten seine Zielrichtung deutlich anzeigt.

Die Verfolgung des o.a. Zieles ist oft deshalb nicht leicht, weil wir immer wieder von Dritten oder aber aus objektiven Gründen von unseren kleinen und großen Zielen abgebracht werden. Die Ursachen sind verschiedener Natur und sind vorwiegend im Subjektiven zu suchen.

Entsprechende positive Beispiele, wo sich Menschen sehr konsequent gezeigt haben, können sie laufend beobachten und sollten diese im eigenen Interesse studieren bzw. als Beispiel nutzen, denn oft kann man auf ihnen sehr gut aufbauen.

Ganz anders sieht es in denjenigen vielen Fällen aus, wo Menschen inkonsequent sind. Hier zeigt sich eine beachtliche persönliche und oft auch fachliche Unsicherheit, die meistens verschiedene Ursachen hat. Primär liegt es oft an der jeweiligen persönlichen geistigen Verfassung - inklusive dem derzeitigen Bildungsstand. Es steht fest, dass Menschen die sich geistig auf einem unterdurchschnittlichen Niveau befinden, oft jegliche Konsequenz vermissen lassen.

Ohne Zweifel besteht auch für den letztgenannten Personenkreis durchaus die Möglichkeit, ihre derzeitige Lage entscheidend zu verbessern. Dieses erfordert eine selbstkritische Analyse und ein beachtliches Umschwenken auf eine wesentlich bessere Grundlage

Ist man selbst nicht in der Lage das Ruder herumzureißen, sollte man nicht davor scheuen sich von einem versierten Betreuer beraten zu lassen.

Um ein wenig Eigenkritik zu üben sei folgendes festgehalten. Auch ich war in privaten und beruflichen Dingen über Jahre nicht konsequent genug - zeigte also eine gewisse Unentschlossenheit - die mir manche Nachteile einbrachte. Erfreulicherweise erkannte ich vor Jahren dieses Fehlverhalten und zog sodann die entsprechenden Register hinsichtlich einer grundlegenden Verbesserung.

Es steht außer Zweifel, dass durch eine Förderung des Konsequenten die eigene Persönlichkeit einen beachtlichen Auftrieb erhält.

Eigene Anmerkungen:

Teil III

Fall-Beispiele aus dem praktischen Leben

Eine erstklassige Akquisition

Vor einigen Jahren konnte ich folgenden hochinteressanten Fall einer erstklassigen Akquisition beobachten.

Ein Bauer der Eigentümer von Bauland war, hatte sich mehrfach strikt geweigert sein Gelände an einen Industriellen zu verkaufen. Der Grund der Verweigerung lag primär im Subjektiven - auch spielte der weit verbreitete Neid eine beachtliche Rolle. Um die Sache doch noch zum Erfolg zu führen, lud mein Freund den Eigentümer und seine gesamte Familie in eine benachbarte Gaststätte zum Essen ein.

Während der Bewirtung sprach mein Freund die schwierige Grundstücksache mit keinem Wort an - sondern konzentrierte sich voll auf die Bewirtung der Familie.

Schon einige Tage nach der Bewirtung meldete sich der Grundstückseigentümer telefonisch bei meinem Freund und zeigte bezüglich des anstehenden Grundstückverkaufs seine volle Bereitschaft an.

Das positive Ergebnis wurde auch dadurch erzielt, weil der Verkäufer hinsichtlich jeglicher Provision freigestellt wurde, denn die Verkaufsgebühr wurde zusätzlich von dem Industriellen übernommen.

Ihre nette Frau . . .

Im ersten Moment erscheint das obige Thema sehr nebensächlich - doch es hat eine beachtliche Bedeutung.

Bekanntlich sind wir im Privaten wie Geschäftlichen stets gehalten eine naturbezogene Freundlichkeit an den Tag zu legen, denn nur so lassen sich optimale Ergebnisse erzielen.

Um etwas ins Detail zu gehen wird vorgeschlagen, bei einer Begrüßung oder einem Telefonat gegebenenfalls die o.g. Anrede zu wählen. Tut man dies, so schafft man bereits ganz am Anfang eine synchronisierte Basis.

Sie ist es auf der man sodann relativ leicht aufbauen kann und die - je nach Sachlage - hilft, gute Resultate zu erreichen.

Sicherlich haben Sie aus der kurzen Schilderung erneut entnommen, welche enorme Bedeutung **die subjektive Taktik** hat.

Das Verharren auf dem derzeitigen Niveau

Wer in privaten und beruflichen Dingen ein gewisses oder sogar absolut positives Niveau erreicht hat, sollte dies bewusst zur Kenntnis nehmen und alles daran setzen zumindest auf dem derzeitigen Niveau zu bleiben - oder aber sich bemühen, weiter nach oben zu kommen.

Um dies zu erreichen bedarf es bestimmter Dinge. Hierbei denke ich in erster Linie an die entsprechende Aus- und Fortbildung. Beide haben eine enorme Bedeutung. Erkennt und beachtet man dies besteht eine gute Chance nach oben zu kommen.

Viele Menschen verstehen es nicht oder höchstens nur zum Teil, subjektive und objektive Erfolge zu erreichen. Auch kann man bei diesen Menschen immer wieder feststellen, dass sie meistens einen nicht allzu starken Willen haben - also eine entsprechende Initiative vermissen lassen.

Nun zum eigentlichen Thema. Es liegt auf der Hand, dass viele immer wieder auf dem derzeitigen Niveau stehenbleiben. Dieses Verharren ist nicht nur problematisch, sondern es zeigt auch an, dass hier gewisse **negative Grundzüge** mitschwingen. Die Gründe sind verschiedener Natur - sie liegen primär im Geistigen und auch sehr stark im jeweiligen Willen. Wer zu diesem Personenkreis - und dieser ist beachtlich - gehört, sollte alles daran tun eine selbstkritische Analyse vorzunehmen. Ist dies erfolgt sollten Sie die entsprechenden Register bezüglich **Aktivierung,** konsequent ziehen. Nur so kann man die eigene Situation entscheidend verbessern. Es bedarf keiner besonderen Erwähnung, dass dies nicht nur für das Berufliche, sondern oft auch für das Private gilt.

Eigene Anmerkungen:

Die Frau an Ihrer Seite

Wer sich für immer oder nur zeitweise in die Richtung einer Partnerschaft begeben hat oder aber dies für die Zukunft anstrebt, sollte unbedingt daran denken, dass Harmonie und Lebensrichtung unbedingt stimmen sollten. Liegen hier kleine oder sogar große Diskrepanzen vor, so werden fast automatisch Fehler und Nachteile eintreten, die dann meistens nicht mehr zu korrigieren sind.

Obige Zeilen zeigen Ihnen sehr deutlich welche Bedeutung einer Partnerschaft zukommt.

Ich meine, Sie können beruflich nur dann eine Höchstleistung anstreben und insbesondere erbringen, wenn die **innere und äußere Harmonie** stimmt.

Liegt die Harmonie vor, so führt sie automatisch zu einer Vertiefung der menschlichen Beziehungen. Dies beflügelt Sie die konkret gesteckten Ziele schneller zu erreichen. Hinzu kommt, dass man auf dem Weg der Realisierung wesentlich mehr Lebensfreude hat. In vielen Fällen tauschen die Partner sogar gewisse fachliche Dinge aus, was ebenfalls der Sache enorm dient.

Dass es die verschiedenartigsten privaten Partnerschaften gibt liegt auf der Hand - sie sind es die automatisch dafür sorgen, dass sich die Betreffenden mit den unterschiedlichsten privaten und auch beruflichen großen oder kleinen Problemen auseinandersetzen müssen. Stimmen die Charaktere und Bildungsgegebenheiten nicht oder nur teilweise, so liegt eine Chemie vor die vieles behindert.

Auch Sie werden entsprechende Beispiele immer wieder beobachtet und sich oft gewundert haben, was sich bestimmte Menschen hier - zum Teil über einen längeren Zeitraum - zumuten. In vielen derartigen Fällen wird es oft über Jahre versäumt eine grundlegende Verbesserung oder sogar Beendigung vorzunehmen.

Lassen Sie mich noch einmal zum Idealfall zurückkehren. Fußt eine Partnerschaft auf absoluter Harmonie, und zwar im Menschlichen wie im Fachlichen, so wird stets alles von **Freude und Liebe** bestimmt und geführt.

Wer solche Voraussetzungen vorfindet oder aber geschaffen hat, besitzt ein enormes Kapital, das es unbedingt gilt, in jeder Lebensphase zu pflegen.

Die Prestige-Haie

Ein Thema, das es in sich hat, und zwar deshalb, weil Sie immer wieder Menschen beobachten können, die praktisch nur ihr eigenes Prestige im Auge haben und aufgrund dessen eine äußerst problematische Lebens- und Berufspraxis an den Tag legen. Sie sind es, die viel zu sehr an sich denken - also einen beachtlichen Egoismus praktizieren.

Bei diesen Menschen können Sie beobachten, dass diese absolut falsche und egoistische Einstellung oft sogar dazu führt, dass sie kaum noch auf die eigene Frau und die Kinder Rücksicht nehmen, und zwar deshalb, weil sie praktisch in jeder Phase nur an sich denken - für sie also alles andere absolut sekundär ist.

Die Prestigehaie lassen meistens auch die immer wieder erforderliche soziale Einstellung vermissen. Hinzu kommt, dass ihr Charakter nicht vom besten ist.

Ich meine es lohnt sich immer wieder diese schlimmen, extremen Menschen zu beobachten, um daraus entsprechende Schlüsse hinsichtlich weiterer persönlicher und geschäftlicher Kontaktaufnahme zu ziehen. In der Regel ist es absolut sinnvoll, den Kontakt kurzfristig abzubrechen.

Es liegt auf der Hand, dass es bezüglich obiger Fakten die unterschiedlichsten Varianten gibt.

Tun Sie alles um nicht in die oben beschriebene Richtung zu kommen. Dies gelingt dann, wenn man sich in jeder Lebensphase bemüht möglichst ein naturbezogenes und geradliniges Leben zu führen.

Nicht zum Null-Tarif . . .

Im Rahmen von kaufmännischen Aktivitäten ist es in der Regel sinnvoll die zugunsten Dritter durchgeführten Aktivitäten nicht zum Nulltarif vorzunehmen.

Hierbei denke ich an die vielen verantwortungsvollen und hinsichtlich des finanziellen Volumens umfangreichen Arbeiten, die bestimmte Experten im Auftrag Dritter durchführen.

Wer sein Know-how gegenüber anderen voll einsetzt, sollte auch die Berechnung eines angemessenen Honorars nicht scheuen. Letzteres insbesondere deshalb, weil er es ist der seine oft langjährige Erfahrung voll in die Waagschale wirft.

Von beachtlicher Bedeutung ist bei der Honorarvereinbarung immer die Angemessenheit und nicht zuletzt das Soziale.

Auch an dieser Stelle muss vermerkt werden, dass die entsprechenden Fälle rein subjektiv und objektiv äußerst verschieden sind.

Um aus der eigenen langjährigen Praxis einen Fall herauszugreifen sei folgendes erwähnt:

Vor zwei Jahren betreute ich einen mittelständigen Bauunternehmer, der mich beauftragt hatte sein neu erschlossenes Industriegelände zu bewerten.

Im Rahmen meiner Tätigkeit ermittelte ich nicht nur die entsprechenden behördlich verzeichneten Vergleichspreise, sondern bezog meine umfangreiche Tätigkeit auch auf die ganz konkreten Verkaufschancen. Beides führte nicht nur zu einem beachtlichen Aufwand, sondern insbesondere zeigten die Sondierungen ganz deutlich an, dass hinsichtlich des geplanten Verkaufes äußerst hohe Preise zu erzielen seien.

Zunächst dachte ich daran das Honorar lediglich auf einer Stundenlohnbasis zu vereinbaren. Nach reiflicher Überlegung kam ich jedoch zu der Überzeugung, dass bei der Ermittlung des Honorars auch die konkret aufgezeigten erstklassigen Verwertungsmöglichkeiten mitschwingen müssten.

Um noch konkreter zu werden. Neben dem Stundenhonorar von 80,00 Euro berechnete ich ein zusätzliches Honorar in Höhe von 2 Prozent des tatsächlichen Verkehrswertes.

Der industrielle Auftraggeber ließ sich sehr schnell hinsichtlich der genannten Beträge überzeugen und zahlte mir gern das entsprechende Honorar.

Eine Stimme voll Harmonie und Sympathie

In jeder Lebensphase gilt es den richtigen Ton zu wählen und insbesondere zu praktizieren.

Wer dies stets anstrebt und immer wieder synchronisiert an den Tag legt, liegt absolut richtig. Er ist es der in jeder privaten und geschäftlichen Lebensphase Harmonie und Sympathie konkret anstrebt.

Dass dies oft nicht leicht ist liegt auf der Hand. Die Ursachen sind verschiedener Natur und liegen in erster Linie im Subjektiven - hinzu kommt, dass auch die objektiven Verhältnisse eine große Rolle spielen, denn stimmt die Harmonie im Persönlichen sowie hinsichtlich der objektiven Dinge nicht, ist es sehr schwer oder sogar oft unmöglich Harmonie und Sympathie zu zeigen.

Entsprechende positive und negative Beispiele können Sie jeden Tag beobachten. Es lohnt sich immer eine entsprechende Analyse vorzunehmen.

Wer Harmonie und Sympathie nicht oder nur zu einem geringen Prozentsatz praktiziert ist gehalten, die sich bietenden Möglichkeiten einer beachtlichen Verbesserung zu erkennen und zu praktizieren. Letzteres gelingt allerdings nur dann, wenn zumindest eine gewisse Intelligenzstufe und insbesondere ein starker Wille vorhanden sind.

Um Ihnen noch ein praktisches Beispiel zu liefern sei auf das Auftreten einer Berliner Autorin verwiesen. Als ich vor kurzem erstmalig mit ihr telefonisch sprach, spürte ich sehr schnell eine große Sympathie und Harmonie. Dieses absolut beispielhafte Auftreten führte sehr schnell zu einer konkreten geschäftlichen Verbindung und veranlasste mich selbstkritisch über die eigene private und berufliche Situation nachzudenken.

Wir sind sowohl privat als auch beruflich gehalten **absolut synchronisiert** aufzutreten.

Die Auto-Marke

Es ist interessant sich bezüglich der jeweiligen Automarke einige Gedanken zu machen. Hierbei denke ich sowohl an das Private wie auch Geschäftliche.

Derjenige der es versteht hier eine beachtliche **Bescheidenheit** an den Tag zu legen, ist immer in der Vorhand. Er ist es, der seine derzeitige Situation zunächst konkret analysiert und erst dann die entsprechenden Entscheidungen trifft. Nur so sollte man vorgehen.

Wer ein übertriebenes Prestigedenken an den Tag legt - also ein oder zwei Klassen zu hoch greift - handelt absolut unklug.

Wir wissen doch, dass der Neid eine eminent wichtige Rolle spielt. Er ist es der vieles beschädigt und zum Teil sogar zerschmettert. Aufgrund dieses Faktums empfinde ich es außerordentlich wichtig gezielt und bescheiden vorzugehen.

Erfreulich ist die Tatsache, dass viele Menschen mit ihrem Auto immer wieder viel Freude haben. Durch diese Lebensfreude versetzen sie sich oft in eine positivere Stimmung.

Selbstkritisch möchte ich zum Schluss noch feststellen, dass ich vor einer Reihe von Jahren selbst mehrfach daneben haute, und zwar deshalb, weil ich mir einen Wagen zulegte der ein bis zwei Nummern zu groß war. Nachdem ich die indirekten und direkten Nachteile erkannt hatte zog ich die erforderlichen Register in Richtung Bescheidenheit.

Die Bescheidenheit

Es gilt, die persönliche – aber auch berufliche Bescheidenheit stets zu erkennen und insbesondere zu aktivieren.

Die Bescheidenheit ist stark mit dem einzelnen Menschen und insbesondere seinem persönlichen Auftreten verbunden. Hierbei spielen Herkunft und Ausbildung sowie der Charakter eine dominierende Rolle. Hinzu kommt, dass der persönliche Wille von ausschlaggebender Bedeutung ist, denn ohne einen starken Willen lässt sich im Leben praktisch gar nichts erreichen.

So verschieden wie wir Menschen sind, ist auch die reine Praktizierung eines bescheidenen Auftretens. Wer dies schon in der Kindheit und Jugend gelernt hat, wird sehr schnell merken, welche persönlichen und später auch beruflichen Vorteile ihm dies bringt.

Es liegt auf der Hand, dass ein **optimales Auftreten** jederzeit gern gesehen wird. Letzteres auch deshalb, weil es in der Regel nicht nur eine gewisse oder beachtliche Klugheit beinhaltet, sondern es zeigt auch eine positive Rangstufe des Charakters an.

Die oben beschriebenen positiven Punkte treten auch meistens deshalb nicht ein, weil viele Menschen hinsichtlich ihrer Vorgehensweise absolut falsch liegen. Hierbei denke ich primär an die beachtliche Zahl von Mitmenschen, die das **eigene ICH** zu sehr zur Schau tragen – sich also falsch verhalten. Entsprechende Beispiele können Sie praktisch jeden Tag im Privaten wie aber auch im Beruflichen beobachten.

Ihr Berater - und seine Bilanz

Jeder beruflich tätige Mensch ist oft gehalten sich von einem oder mehreren Beratern betreuen zu lassen.

Bei der Auswahl des Beraters kommt es sehr darauf an die richtigen Register zu ziehen - alleine deshalb, weil es sich in den meisten Fällen um eine sehr wichtige Entscheidung handelt, die möglichst nicht unter Zeitdruck geschehen sollte.

Ist es nicht ganz leicht einen Betreuer zu finden empfiehlt es sich, sich von Bekannten oder Freunden Hinweise geben zu lassen, denn sie sind es die bereits oft entsprechende Erfahrungen gemacht haben und daher wichtige Tipps geben können.

Bei der Auswahl sollte man möglichst auch die Bilanz des Beraters indirekt oder direkt mit berücksichtigen, denn hat er sich bereits seit Jahren bewährt - also seine wirtschaftlichen Dinge auf Vordermann gebracht, kann man damit rechnen, dass er auch die ihm zu übertragenden Aufgaben gut bewältigen wird. Natürlich gibt es immer wieder junge dynamische Kräfte die genau wissen was zu tun ist.

Von eminenter Bedeutung ist auch, dass man auf keinen Fall eine überstürzte Entscheidung trifft - also die innere Ruhe mit an den Tag legt. Leider ist diese - wie auch an anderen Kapiteln ausgeführt - bei vielen kaum oder sogar gar nicht vorhanden. Ist sie einmal verschwunden kehrt sie in der Regel nicht zurück, denn die alten subjektiven und objektiven Umstände behalten meistens die Oberhand.

Hinsichtlich des Honorars sollte man frühzeitig genug genaue mündliche oder sogar schriftliche Absprachen treffen.

Die subjektive Härte

Im täglichen Leben kann man immer wieder Menschen kennen lernen die eine subjektive Härte an den Tag legen. Die Ursachen sind verschiedener Natur und liegen insbesondere im Subjektiven.

Es gilt die entsprechenden Fakten zu erkennen und daraus entsprechende Schlüsse zu ziehen. Wer hinsichtlich seiner Äußerungen und Taten knochenhart vorgeht liegt immer falsch. Dies gilt sowohl für das Persönliche wie auch Berufliche. Die Ursache ist oft auf das geistige Niveau und ein absolut übertriebenes Prestige zurückzuführen. Hinzu kommt, dass oft die wirtschaftlichen Ziele hinsichtlich Gewinns absolut falsch gewählt werden. Die o.a. Fehler führen praktisch immer zu einem absolut falschen Vorgehen.

Wer auf Menschen stößt die sich so bewegen und die sich so verhalten sollte möglichst den Kontakt abbrechen, denn in den meisten Fällen findet bei ihnen keine Umkehr zum Besseren statt.

Um Ihnen ein praktisches Beispiel zu beschreiben sei Folgendes aufgeführt:

Im Rahmen meiner beruflichen Sachverständigentätigkeit lernte ich vor kurzem eine Frau kennen, die sich im mittleren Alter befand und die in ihrem Privatleben restlos gescheitert war. Hinzu kam, dass auch ihre berufliche und somit finanzielle Basis über Nacht weg gebrochen waren.

Im Rahmen ihrer privaten Überlegungen und insbesondere Aktivitäten praktizierte sie nicht ihre **liebevolle Ur-Anlage,** sondern legte eine enorme Härte an den Tag. Man könnte auch sagen, sie fiel von einem Extrem ins andere.

Die Ursachen eines derartigen Fehlverhaltens liegen sowohl im Persönlichen wie auch - und zwar in hohem Maße - im geistigen Format. Stimmt dies nicht, so fehlt praktisch jede Grundlage eines liebevollen Lebens mit insbesondere ideellen Zielen.

Die obigen Ausführungen zeigen Ihnen erneut auf, wie wichtig es ist, die zwischenmenschlichen Beziehungen zu erkennen und insbesondere auszubauen, denn nur so lassen sich gute private und geschäftliche Ergebnisse erzielen.

Es steht völlig außer Zweifel, dass ein zu hartes Vorgehen oft auch einen **beachtlichen Egoismus** aufzeigt.

Problematische Versprechungen

Immer wieder tritt der Fall ein, dass man sogenannte Versprechungen erhält, die eigentlich gar nichts wert sind. Hierbei denke ich an Zusagen die Dritte nur deshalb machen, weil sie vorrangig ihren Vorteil im Auge haben. Diese Vorgehensweise gehört oft zur Taktik entsprechender absolut fragwürdiger Menschen.

Es ist gut die entsprechende Sache zu erkennen und sich insbesondere darauf konsequent einzustellen. Nur so kann man vermeiden, dass man - überspitzt ausgedrückt - zum Spielball Dritter wird.

Lassen Sie mich an dieser Stelle ein ganz konkretes Beispiel anführen:

Vor Jahren betreute ich einen Gutsbesitzer der stark daran interessiert war eine hohe Bewertung seines zum Verkauf stehenden Ackerlandes über mich zu erreichen. Die Verkaufsabsichten fußten ausschließlich auf seiner enormen Verschuldung.

Da mein Auftraggeber sehr schnell merkte, dass ich **jagdliche Ambitionen** hatte, verband er mit meiner Beauftragung die Zusage eines jagdlichen Begehungsscheines. Ein solcher berechtigt den Inhaber auf einer bestimmten Fläche zu jagen.

Nachdem ich die entsprechende objektive Bewertung vorgenommen hatte konnte er das entsprechende Areal zu einem weit über dem tatsächlichen Verkehrswert liegenden Preis veräußern. Dies gelang deshalb, weil der Käufer die von mir mit in Ansatz gebrachten Ermittlungen des Verkehrswertes voll anerkannte.

Als die voran geschilderte große Grundstücksache notariell und grundbuchtechnisch abgeschlossen war, klopfte ich bei dem Verkäufer wegen der jagdlichen Zusage an. Jetzt zeigte sich sehr schnell, dass er nicht im Entferntesten mehr daran dachte die alte Zusage einzuhalten. Er hatte also seinen Vorteil eingefahren und war lediglich daran interessiert mir sobald wie möglich Adieu zu sagen.

Das Weg-Mobben

Seit eh` und je` kann man beobachten wie bestimmte Menschen der jungen oder mittleren Generation das Ziel haben die Mitmenschen der älteren Generation nur teilweise oder sogar gar nicht zu beachten - geschweige denn einzubeziehen.

Hierbei denke ich primär an diejenigen, die vom Vater einen Betrieb - sei es industriell, gewerblich oder landwirtschaftlich - übertragen bekommen haben. Dass der Begünstigte nach der Übertragung des Vermögens noch mehr seine Linie und Aktivitäten einsetzt ist dies absolut zu begrüßen. Er ist es, der nunmehr die alleinige Verantwortung trägt.

Ganz anders sieht es in den Fällen aus, wo die Übertragung zu einer gewissen oder sogar umfangreichen **subjektiven Entfremdung** führt.

Es liegt auf der Hand, dass entsprechende Entfremdung oft auch deshalb eintritt, weil die junge Generation die alten Inhaber gezielt weg mobbt. Die Gründe dieses Fehlverhaltens sind primär subjektiv - liegen oft auch im Finanziellen.

Treten entsprechende o.g. Missverständnisse und schlimme subjektive Reaktionen ein, sollte versucht werden so früh wie möglich einen entsprechenden Kompromiss zu erzielen.

Menschen, die zu wenig Geld ausgeben

Wer Menschen beobachtet, die aufgrund ihrer menschlichen und beruflichen Tüchtigkeit oder durch Vererbung unerwartet zu viel Geld gekommen sind, kann oft zusehen, wie diese Menschen ihre alte Sparsamkeit, die sie über Jahre praktiziert haben, auch im Rahmen des neuen größeren Wohlstandes voll beibehalten.

Die Gründe sind verschiedener Natur - sie liegen allerdings ausschließlich im Subjektiven. Man könnte auch sagen, diese Menschen behalten ihre alte Linie deshalb bei, weil sie auch jetzt noch - also während des viel größeren Wohlstandes - die dominierende Richtung ist und bleibt.

Ein derartiges, in meinen Augen problematisches Verhalten, führt in der Regel oft auch zu einer beachtlichen Einschränkung der **subjektiven Lebensqualität.**

Zusätzlich wird indirekt oder sogar direkt der Wohlstand der übrigen Familienmitglieder - sei es Frau oder Kinder - meistens ebenfalls negativ beeinflusst.

Überspitzt ausgedrückt könnte man auch sagen, ein derartiges **problematisches Verhalten** ist auch ein Zeichen einer nicht allzu hohen Intelligenzstufe.

Es ist diesen Menschen die plötzlich zu mehr Geld gekommen sind zu empfehlen, ihren Lebensstandard etwas anzuheben. Sie sollten sich aufgrund des Vermögenszuwachses mehr gönnen. Zusätzlich ist zu empfehlen das Volumen der bereits gebildeten Reserven zu vergrößern.

Der „Springer"

Zur allgemeinen Erläuterung sei darauf hingewiesen, dass man Menschen die stets neue berufliche Herausforderungen suchen und aktivieren, „Springer" nennt.

Im Rahmen meiner langjährigen beruflichen Tätigkeit war ich stets daran interessiert neue und möglichst verantwortungsvolle Aufgaben zu übernehmen. Letzten Endes deshalb, weil mich immer wieder entsprechende private und insbesondere berufliche Herausforderungen reizten.

Eines der ersten Probleme die es galt zu lösen ergab sich im Alter von 19 Jahren. Seinerzeit besuchte ich in Leipzig einen einjährigen Lehrerlehrgang und hatte die berechtigte Hoffnung nach Abschluss eine entsprechende Lehrtätigkeit ausüben zu können.

Weit gefehlt, schon nach wenigen Wochen wurde ich aus rein politischen Gründen vom Lehrerinstitut verwiesen. Dies geschah deshalb, weil mein Vater im Herbst 1945 im Rahmen der sogenannten kommunistischen Bodenreform enteignet wurde und ich dadurch als politisch unzuverlässig eingestuft wurde. Die letztgenannte Entscheidung zwang mich zum Verlassen der Sowjetischen Besatzungszone.

Im Westen absolvierte ich das Agrarstudium und bewarb mich im Anschluss hieran bei der „Landsiedlung Rheinland-Pfalz GmbH". Diese beauftragte mich bereits nach wenigen Wochen mit der Gründung und Leitung der Zweigstelle Kaiserslautern. Später übernahm ich sodann die beiden Zweigstellen Kusel und Birkenfeld, die ebenfalls zur genannten Gesellschaft gehörten. Im Rahmen meiner weiteren aktiven beruflichen Tätigkeit ging ich zur Deutschen Bauernsiedlung GmbH in Düsseldorf. Der Vorstand betreute mich mit der Leitung der Zweigstellen Lüdenscheid und Kiel. Erstere betreute ich über drei Jahre. Im Anschluss hieran wechselte ich zur Landesentwicklungsgesellschaft NRW, die mich mit der Leitung der beiden Zweigstellen Arnsberg und Brilon beauftragte. Der Vorstand dieses Unternehmens erlaubte mir die zusätzliche Tätigkeit als vereidigter landwirtschaftlicher Sachverständiger. Hinzu kam die umfangreiche vieljährige Betreuung von zahlreichen neu eingestellten Mitarbeitern dieses Unternehmens.

Eine hohe Anerkennung

Nach Abschluss einer 19-jährigen Tätigkeit bei der genannten Gesellschaft ging ich den Weg der Selbstständigkeit und betreute nunmehr vorwiegend Grundstückseigentümer, die über mich die Verkehrswerte von Bauland, Häusern und land- sowie forstwirtschaftliche Grundstücke bewerten und umschichten ließen.

Abschließend scheint es mir sehr angebracht Ihnen tabellarisch die sehr verschiedenen Standorte meiner beruflichen Tätigkeit aufzulisten - es waren Folgende:

Leipzig - Frankfurt/Main – Bonn – Koblenz - Kaiserslautern

Kusel - Birkenfeld/Nahe – Lüdenscheid – Kiel - Arnsberg

Brilon – Sundern - Möhnesee.

Mit diesen, Ihnen obig kurz gefassten Tätigkeitsmerkmale wollte ich Ihnen primär deutlich aufzeigen, dass es mir immer wieder darauf ankam neue und ·verantwortungsvolle Aufgaben in neuen Gebieten zu übernehmen. Dadurch ergaben sich verständlicherweise laufend neue und beachtliche berufliche Chancen, welche nur Menschen geboten werden, die neue und unbekannte Aufgaben und Risiken nicht scheuen.

Die kauflustigen Menschen

Es erscheint mir interessant sich mit obigem Thema zu befassen. Viele Menschen praktizieren laufend Käufe die in meinen Augen oft eine gewisse Fragwürdigkeit in sich tragen.

Hierbei denke ich primär an die Menschen, die aufgrund ihres **sogenannten Wohlstandes** meinen, sie müssten laufend neue Dinge erwerben.

Die Ursachen sind verschiedener Natur und liegen primär im Subjektiven - auch drücken sie eine **Überbewertung von Geld und Prestige** deutlich aus.

Ich meine, wenn man eines Tages einen bestimmten - hoffentlich nicht zu hohen - Wohlstand erreicht hat, sollte man die Bremse ziehen, denn bekanntlich sagt man:

Weniger ist Mehr.

Was nutzt denn ein stetiger Ankauf der doch meistens eine weitere Überbewertung der oft fragwürdigen wirtschaftlichen Dinge nach sich zieht.

Man könnte auch folgendes sagen:

Menschen die mit einem übertriebenen Wohlstand - sei es im Haus, der Wohnung oder bezüglich Auto und Kleidung - übertrieben reagieren und vorgehen, sollten diese **rein persönliche Schwäche** erkennen und sich in Zukunft wesentlich mehr einschränken.

Haben Sie dies eine Weile praktiziert merken Sie sehr deutlich, dass die neue Linie Ihnen eine Verschönerung und somit Vertiefung **der ideellen Werte** bringt.

Tritt dies ein steigert man unbewusst seine inneren Werte, die bekanntlich eine viel größere Bedeutung als das Äußere haben.

Selbstkritisch sei vermerkt, dass auch ich jahrelang manches kaufte was nicht nötig war. Zum Glück erkannte ich vor Jahren diese Fehleinschätzung und zog konsequent die entsprechenden Register hinsichtlich einer **subjektiven Enthaltung.**

Dies brachte mir - vom Inneren her gesehen - persönlich viel ein.

Vier Töchter und 1.600 Euro Schulden

Die nachstehende Geschichte bezieht sich auf eine - in meinen Augen interessante Unterhaltssache.

Vor wenigen Jahren lernte ich ein Ehepaar kennen das vier Töchter hatte. Als der 80jährige Vater als Witwer pflegebedürftig wurde, musste für ihn eine Haushaltshilfe engagiert werden. Die Kosten beliefen sich auf 1.600 Euro pro Monat - somit pro Tochter 400 Euro.

Die jüngste Tochter hatte hinsichtlich der Beteiligung ihrer drei Schwestern die Federführung ergriffen und bat die drei Schwestern um Beisteuerung von je 400 Euro.

Obwohl alle vier Töchter bzw. die entsprechenden Schwiegersöhne eine erstklassige vollkommen abgesicherte Anstellung hatten, war nur eine Tochter - nämlich die jüngste - bereit, die entsprechenden 400 Euro pro Monat dem Vater bzw. für seine Haushaltshilfe zu gewähren.

Diese schlimme Tatsache spricht hinsichtlich der **sozialen Einstellung** Bände - sie ist es die einen beachtlichen Egoismus zum Ausdruck bringt.

Ergänzend sei festgehalten, dass bezüglich der Vererbung alle Vier ihre Ansprüche, die ich absolut für unberechtigt hielt, sehr schnell anmeldeten.

Zum Glück zog der Vater in Verbindung mit der jüngsten Tochter früh genug entsprechende Register und ließ die anderen drei Töchter weitgehend leer ausgehen.

Ich bin sicher, dass auch Sie in Ihrem näheren Verwandten- oder Bekanntenkreis sehr ähnliche Fälle erlebt haben und Sie mein obiges sehr klares Urteil absolut teilen werden.

Persönliche Gewinn-Chancen
von 50 bis 200 Prozent

Ein Thema das sehr interessant ist. Im Rahmen von sozialen Fakten sowie im Zusammenhang von Vererbungen habe ich in meiner langjährigen beruflichen Tätigkeit Folgendes beobachte.

Viele Kinder sind nicht bereit ihren unterstützungsbedürftigen Eltern zu helfen. Hierbei denke ich primär an diejenigen Kinder, die aufgrund ihres beachtlichen Einkommens sowie des entsprechenden Familienstandes durchaus in der Lage wären den Eltern eine monatliche kleine Unterstützung - z.B. 50 oder 100 Euro - zukommen zu lassen.

Die *drolligen Ausreden* die diese Kinder jeweils gebrauchen sind meistens absolut unzutreffend und sind in meinen Augen eine **antisoziale Haltung.**

Hinzu kommt, dass ein derartiges Verhalten einen beachtlichen **Egoismus** darstellt.

Diejenigen Kinder, die den entsprechenden rein subjektiven Sachverhalt früh genug erkennen und den bedürftigen Eltern einen bescheidenen monatlichen Betrag zukommen lassen, zeigen dadurch ihre Achtung und insbesondere Liebe. Hinzu kommt, dass für sie im Rahmen einer von den Eltern noch durchzuführenden Vererbung sich oft hohe Gewinnchancen bieten. Es liegt doch auf der Hand, dass Eltern die eine diesbezügliche Liebe zu Lebzeiten erhalten haben, den entsprechenden Kindern möglichst großzügige Vererbungsgeschenke gern zukommen lassen. Die entsprechende Gegenliebe beinhaltet sodann, und zwar zu Recht, die im obigen genannten Titel erwähnte theoretische Verzinsung.

Meine rein persönlichen Beobachtungen zeigten immer wieder, dass etwa 80 - 90 Prozent der Kinder sich entsprechend abwartend bzw. sogar antisozial verhielten. Der Prozentsatz derjenigen Kinder, die den Weg der Elternliebe gehen, liegt m.E. kaum höher als 10-20 Prozent.

Eltern die eine diesbezügliche Liebe zu Lebzeiten erhalten haben, lassen möglichst den entsprechenden Kindern großzügige Vererbungsgeschenke gern zukommen. Die entsprechende Gegenliebe beinhaltet sodann, und zwar zu Recht, die im obigen genannten Titel erwähnte Verzinsung.

Die finanzielle Beteiligung an Gewerbebetrieben

Im Rahmen meiner Sachverständigentätigkeit lernte ich vor wenigen Jahren einen äußerst cleveren Unternehmer kennen, der es seit Jahren verstand, sich an kleinen und mittleren Gewerbebetrieben finanziell zu beteiligen.

Sein fundiertes Wissen hinsichtlich Unternehmensführung und -gewinn erlaubte es ihm, bei der Prüfung von entsprechenden Inhabern von Gewerbebetrieben, sich sehr schnell ein Urteil zu bilden. Fiel das Urteil positiv aus, so bot er oft dem Inhaber in der Startphase finanzielle Mittel als Beteiligung an.

Es liegt auf der Hand, dass derartige Gewerbebetreibende oft entsprechende Teilhaber suchen; meistens deshalb, weil sie in der Anfangsphase oft von entsprechenden Banken kein Startkapital bekommen.

Natürlich steht und fällt eine derartige Beteiligung primär mit der Persönlichkeit des Gewerbetreibenden. Ist dieser von der Sache her und hinsichtlich seiner Zielsetzung als erstklassig einzustufen, liegen meistens entsprechende positive Voraussetzungen vor und es gilt zügig zu handeln.

Neben dem finanziellen Einstieg ist es von großer Bedeutung das entsprechende Unternehmen praktisch ständig zu prüfen - nur so kann man entsprechende Verluste vermeiden. Ist man selbst nicht in der Lage die Prüfung vorzunehmen, gilt es, einen versierten Steuerberater oder Wirtschaftsprüfer zu beauftragen.

Um auf den praktischen Fall, den ich im Ruhrgebiet kennenlernte näher einzugehen, wird Sie interessieren, dass dieser Kunde von mir sich im Laufe von einigen Jahren an acht Betrieben beteiligte. Seine entsprechenden Gewinne betrugen im Durchschnitt 10 bis 20 Prozent pro Jahr. Dieser Gewinnanteil ist auch deshalb berechtigt, weil diese Gewerbebetriebe in der Regel kaum Sicherheiten stellen können. Hinzu kommt, dass oft mit Gewinnausfällen zu rechnen ist.

Aus Gründen der Vertraulichkeit bitte ich um Verständnis dafür, dass ich die Höhe der jeweiligen finanziellen Beteiligungen nicht nenne.

Was Hänschen nicht lernt - lernt Hans nimmer mehr

Bei dem o.g. Titel handelt es sich um eine alte Weisheit, die auch heute noch ihre volle Bedeutung hat. Bekanntlich kommt es sehr darauf an den Kindern und Jugendlichen möglichst früh die wichtigsten Dinge des täglichen Lebens zu lehren und mitzugeben. Es ist wichtig sich für die individuelle Erziehung viel Zeit zu nehmen. Nur so kann man die eigenen Kinder und Jugendlichen gezielt erziehen und ihre persönliche Entwicklung fördern.

Es liegt auf der Hand, dass sich Erziehung und Ausbildung auf die verschiedenartigste Weise abspielt. Dies ist auf die verschiedenen Charaktere und die unterschiedlichen Berufsziele zurückzuführen. Hinzu kommt, dass die objektiven Gegebenheiten oft ebenfalls sehr unterschiedlich sind. Im Rahmen der Erziehung und Ausbildung muss stets die erforderliche **Geradlinigkeit** praktiziert werden. Dies setzt voraus, dass Erzieher und Ausbilder genau wissen welche Grundsätze anzuhalten sind.

Immer wieder kann man feststellen, dass von den Eltern und Ausbildern beachtliche Fehler deshalb gemacht werden, weil sie es versäumen im Rahmen von Erziehung und Ausbildung die erforderliche **innere Ruhe** an den Tag zu legen; ohne sie sind in der Regel keine optimalen Ergebnisse zu erwirken. Fehler die in der Kindheit und Jugend gemacht werden können in späteren Jahren meistens nicht mehr ausgeglichen werden. Oft wird auch in schwierigen Fällen versäumt rechtzeitig einen versierten Betreuer hinzuzuziehen. Die Versäumnisse sind sehr oft auf einen absoluten falschen Ehrgeiz zurückzuführen.

Der Testamentsvollstrecker

Ein Thema das im Rahmen von Erbschaften oft eine beachtliche Bedeutung hat.

Viele Menschen die es im Rahmen ihrer Vererbungen für sinnvoll halten einen Treuhänder einzuschalten, vermerken im Testament die Berufung eines Testamentsvollstreckers. In privaten Vererbungen wird meistens ein naher Verwandter berufen.

Handelt es sich um betriebliche oder geschäftliche Erbschaft sieht es bezüglich der entsprechenden Person ganz anders aus. Hier wird oft ein Rechtsanwalt, Steuerberater oder Wirtschaftsprüfer als Testamentsvollstrecker gewählt.

Wer sich mit dem Fragenkomplex des Testamentsvollstreckers erstmalig befasst, sollte unbedingt so früh wie möglich einen versierten Rechtsanwalt oder Notar einschalten. Dadurch werden von Anfang an die entsprechenden Gesetze, die bei vielen Vererbungen eine beachtliche Rolle spielen, voll beachtet.

Wie bereits oben angerissen fungiert der Testamentsvollstrecker als Treuhänder. Er ist verpflichtet das jeweilige Testament voll zu beachten. Hierüber wacht das zuständige Amtsgericht, das im Rahmen der jeweiligen Vererbung die Berufung des Testamentsvollstreckers durch Erteilung eines Testamentsvollstrecker-Zeugnisses vornimmt.

Um auf die von mir über Jahre gesammelten Erfahrungen als Testamentsvollstrecker einzugehen, sei an dieser Stelle vermerkt, dass ich bereits dreimal zum Testamentsvollstrecker bestimmt wurde. Im Rahmen der einzelnen Erbschaften ging es um:

- den An- und Verkauf entsprechender Immobilien,

- finanzieller Übertragungen an Kirchengemeinden und mehrere Klöster

- Abführung von Geldbeträgen an Verwandte und Fremde.

Obige Aufstellung zeigt Ihnen die große Bedeutung der sehr verantwortungsvollen Berufung und der oft sehr beachtlichen Vermögenswerten, und zwar bis zu einer MILLION EURO. Ergänzend sei noch festgehalten, dass sich die Abwicklung in allen drei Fällen über Jahre erstreckte.

Eigene Anmerkungen:

Die problematischen Gesundheitsdinge

In der heutigen Zeit kann man laufend Menschen beobachten die entsprechende gesundheitliche Probleme haben. Diese sind verständlicherweise sehr subjektiv bedingt - auch sind sie stark vom Alter abhängig.

Es ist absolut verständlich, dass Menschen die entsprechende Probleme mit ihrer Gesundheit haben einen Arzt aufsuchen und dieser sich sodann bemüht, ihnen zu helfen. Erfreulicherweise ist die Medizin so weit fortgeschritten, dass man über sie fast alle Krankheiten in den Griff bekommt - also eine Heilung erwirken kann.

Was mir seit Jahren auffällt ist Folgendes.

Viele der Betroffenen nehmen hinsichtlich ihrer jeweiligen Krankheit die Sache zu ernst - sie sind es die fast dauernd klagen und meistens viel zu oft versuchen medizinische Hilfe zu bekommen. Wer so oder ähnlich vorgeht nimmt - überspitzt ausgedrückt - eine problematische - vielleicht sogar falsche - Überbewertung vor. Dadurch werden oft kleine oder mittlere gesundheitliche Probleme auf eine viel zu hohe Rangstufe gestellt. Letzteres führt sodann dazu, dass sich der Betreffende indirekt oder sogar direkt in einen **Kreislauf des Negativen** begeben hat und meistens auch über Jahre - vielleicht sogar bis zum Lebensende - darin verharrt.

Ich meine, jede Überbewertung gewisser gesundheitlicher Probleme sollte möglichst vermieden werden.

Bezüglich einer immer wieder erforderlichen absolut positiven Einstellung über das Unterbewusstsein möchte ich an dieser Stelle auf das Kapitel Dr. Murphy verweisen.

Um Irrtümer zu vermeiden sei mit Nachdruck darauf hingewiesen, dass ich hinsichtlich meiner rein subjektiven Bewertung auf keinen Fall indirekt oder sogar direkt Menschen gemeint habe, die aufgrund ihrer Krankheit voll darauf angewiesen sind laufend ärztliche Hilfe in Anspruch zu nehmen.

Die „Entsorgung" über das Altenheim

Die Überschrift mag hart klingen, doch hinsichtlich der Abschiebung älterer Menschen werden laufend enorme Fehler gemacht, die in den meisten Fällen **in keiner Weise zu verantworten sind.**

Die Verursacher sind es die äußerst problematische Wege beschreiten. Und zwar haben sie nur ein Ziel, **„die Alten"** möglichst bald los zu werden.

Im Rahmen der Realisierung dieses, in meinen Augen verwerflichen Vorgehens, werden automatisch schlimme und zum Teil äußerst verwerfliche Register gezogen. Der Härtegrad dieser Register ist von unterschiedlichster Bedeutung - er fußt in erster Linie auf der inneren und äußeren Einstellung des Stärkeren, der m.E. gar keine Stärke besitzt, sondern durch seine schlimme Handlungsweise indirekt eine große Schwäche an den Tag legt. Was hier laufend praktiziert wird ist in meinen Augen ein großer Egoismus.

Wer sich einmal in dem einen oder anderen Altenheim umsieht wird sehr schnell merken welche enormen Probleme sich dort anhäufen - sie sind es, die in den meisten Fällen nur sehr begrenzt oder gar nicht zu lösen sind - und zwar schon deshalb, weil diese gewisse oder sogar umfangreiche Menschenansammlung diese Probleme automatisch in sich trägt.

Entsprechende praktische Erfahrungen liegen mir deshalb vor, weil ich bei der Schwester meiner Mutter die für sechs Monate im Altenheim hospitierte und ich entsprechende theoretische und praktische Beobachtungen gezielt durchführen konnte. Das entsprechende Altenheim hatte etwa 80 Bewohner. Während meiner täglichen Besuche habe ich sehr schnell erkennen müssen, dass etwa 90 Prozent der Bewohner stärker daran interessiert waren, möglichst bald wieder nach Hause zu kommen - doch wer einmal durch diese Pforte geschoben wurde, bleibt in den meisten Fällen Heimbewohner. Er ist es der genau spürt was für eine schlimme Abschiebung hier ganz gezielt produziert wurde.

Vielleicht führen diese Ausführungen wenigstens in einigen Fällen dazu, dass der eine oder andere Mensch noch „gerettet" werden kann - also die theoretischen Verursacher sich die Sache noch einmal überlegen und die rein menschliche Richtung konsequent einschlagen.

Natürlich gibt es durchaus Fälle wo es leider nicht zu vermeiden ist den entsprechenden alten Menschen in ein Heim zu geben. Hierbei denke ich in erster Linie an junge Menschen die aus privaten und wirtschaftlichen Verhältnissen nicht im Entferntesten dazu in der Lage sind die alten Menschen aufzunehmen und zu pflegen. Wenn sich dann auch keine Möglichkeit ergibt die Pflege zu Hause, unter Einschaltung entsprechender Betreuer vorzunehmen, sieht es schon schlimm aus.

Mit Nachdruck möchte ich abschließend dem gesamten Pflegepersonal, das täglich in den Heimen aktiv tätig ist, meine große Hochachtung zum Ausdruck bringen - sie sind es die laufend kleine und große menschliche Probleme erkennen und versuchen sie zu lösen. Dieses Personal setzt immer wieder - und zwar in einem hohen Grade - seinen menschlichen Idealismus ein, dadurch stärken sie zum Glück ihre Psyche und gewinnen dadurch neue Kräfte für die äußerst schwierigen Aufgaben.

Eigene Anmerkungen:

Teil IV

Bücher, die Freude und Erfolg bringen

Dr. phil. Joseph Murphy
Die Macht Ihres Unterbewusstseins
Das große Buch innerer und äußerer Entfaltung

Dieses ganz hervorragende Werk wurde in zahlreiche Weltsprachen übersetzt und ist ein Standardwerk des berühmten Wegbereiters positiven Denkens.

Mehr als 1,9 Millionen Menschen haben dieses Erfolgsbuch allein schon in der deutschsprachigen gebundenen Ausgabe gekauft. Was dieser Wissenschaftler und Weltbürger des Geistes entdeckt hat ist lebenswichtig. Er zeigt auf worauf es im Leben ankommt:

Unser Unterbewusstsein lenkt und leitet uns, ob wir das wollen oder nicht.

Der Mensch ist was er tagtäglich denkt, und zwar - nach dem berühmten Bibelwort - wie er „im innersten Herzen denkt."

Der Inhalt unseres Denkens und Glaubens prägt unsere Persönlichkeit, gestaltet unser Leben, bestimmt unsere Zukunft. Dr. Joseph Murphy zeigt Ihnen, wie Sie die unermesslichen Kräfte des Unterbewusstseins nach Ihrem Willen nutzen und schöpferisch-kreativ einsetzen können. Sie erfahren, wie man das Gute anzuziehen und in sein Dasein Freude und Fülle zu bringen vermag.

Über den hochinteressanten Inhalt sei folgendes ausgeführt:

Die Schatzkammer in Ihrem Inneren - Die Funktionsweise Ihres Geistes - Die wunderwirkende Macht Ihres Unterbewusstseins - Geistige Heilungen in der Antike - Geistige Heilungen in unserer Zeit - Die praktische Anwendung der geistigen Therapie - Das Unterbewusstsein dient dem Leben als Schlüssel zum Reichtum - Ihr Recht auf Reichtum - Führende Wissenschaftler setzen ihr Unterbewusstsein ein - Das Unterbewusstsein und Eheprobleme - Das Unterbewusstsein und Ihr Glück - Das Unterbewusstsein und harmonische Beziehungen zur Umwelt - Wie man mit Hilfe des Unterbewusstseins Vergebung erlangt - Wie das Unterbewusstsein geistige Hemmungen beseitigt - Wie die Kräfte des Unterbewusstseins die Furcht vertreiben - wie man für immer im Geiste jung bleibt.

Matthias Claudius

Den folgenden Brief schrieb Matthias Claudius im Jahre 1799 an seinen Sohn Johannes, der als sechstes von zehn Kindern 1783 geboren wurde. Das folgende Schreiben bekam Johannes als eine Art „Geleitbrief" mit, als er sich mit 16 Jahren auf den Weg nach Hamburg machte um dort seine kaufmännische Lehre anzutreten.

An meinen Sohn Johannes

Lieber Johannes!

Gold und Silber habe ich nicht, was ich aber habe gebe ich Dir.

Die Zeit kommt allgemach heran, dass ich den Weg gehen muss, den man nicht wieder kommt. Ich kann Dich nicht mitnehmen; und lasse Dich in einer Welt zurück, wo guter Rat nicht überflüssig ist.

Niemand ist weise von Mutterleibe ab; Zeit und Erfahrung lehren hier und fegen die Tenne. Ich habe die Welt länger gesehen als Du. Es ist nicht alles Gold, lieber Sohn, was glänzet, und ich habe manchen Stern vom Himmel fallen und manchen Stab, auf den man sich verließ, brechen sehen. Darum will ich Dir einigen Rat geben und Dir sagen, was ich gefunden habe, und was die Zeit mich gelehret hat.

Es ist nichts groß, was nicht gut ist; und ist nichts wahr, was nicht bestehet.

Der Mensch ist hier nicht zu Hause, und er geht hier nicht von ungefähr in dem schlechten Rock umher. Denn siehe nur, alle andren Dinge hiermit und neben ihm sind und gehen dahin, ohne zu wissen; der Mensch ist sich bewusst und wie eine hohe bleibende Wand, an der die Schatten vorüber gehen. Alle Dinge hiermit und neben ihm gehen dahin, einer fremden Willkür und Macht unterworfen, er ist sich selbst anvertraut und trägt sein Leben in seiner Hand. Und es ist nicht für ihn gleichgültig, ob er rechts oder links gehe. Lass Dir nicht weismachen, dass er sich raten könne und selbst seinen Weg wisse. Diese Welt ist für ihn zu wenig, und die unsicht-

bare siehet er nicht und kennet sie nicht. Spare Dir denn vergebliche Mühe und tue Dir kein Leid und besinne Dich Dein.

Halte Dich zu gut Böses zu tun. Hänge Dein Herz an kein vergänglich Ding. Die Wahrheit richtet sich nicht nach uns, lieber Sohn, sondern wir müssen uns nach ihr richten. Was Du sehen kannst, das siehe und brauche Deine Augen, und über das Unsichtbare und Wenige halte Dich an Gottes Wort. Bleibe der Religion Deiner Väter getreu und hasse die theologischen Kannengießer. Scheue niemand so viel als Dich selbst. Inwendig in uns wohnet der Richter, der nicht trügt und an dessen Stimme uns mehr gelegen ist als an dem Beifall der ganzen Welt und der Weisheit der Griechen und Ägypter, ´. Nimm es Dir vor, Sohn nicht wider seine Stimme zu tun; und was Du sinnest und vorhast, schlage zuvor an Seine Stirn und frage ihn um Rat. Er spricht anfangs nur leise und stammelt wie ein unschuldiges Kind; doch, wenn Du seine Unschuld ehrst löset er gemach seine Zunge und wird Dir vernehmlicher sprechen.

Lerne gerne von anderen, und wo von Weisheit, Menschenglück, Licht, Freiheit, Tugend, usw. geredet wird; da höre fleißig zu. Doch traue nicht flugs und allerdings, denn die Wolken haben nicht alle Wasser, und es gibt mancherlei Weise. Sie meinen auch, dass sie die Sache hätten, wenn sie davon reden können und davon reden. Das ist aber nicht, Sohn. Man hat darum die Sache nicht, dass man davon reden kann und davon redet. Worte sind nur Worte, und wo sie so gar leicht und behende dahin fahren, da sei auf Deiner Hut, denn die Pferde, die den Wagen mit Gütern hinter sich haben, gehen langsameren Schrittes.

Erwarte nicht vom Treiben und den Treibern; und wo Geräusch auf der Gassen ist, da gehe fürbass. Wenn Dich je-

mand will Weisheit lehren, da siehe in sein Angesicht. Dünkelt er sich noch; und sei er noch so gelehrt und noch so berühmt, lass und gehe seiner Kundschaft müßig. Was einer nicht hat, das kann er auch nicht geben. Und der ist nicht frei, der da will tun können, was er will, sondern der ist frei, der da wollen kann, was er tun soll. Und der ist nicht weise, der sich dünket, dass er wisse, sondern der ist weise, der seiner Unwissenheit inne geworden und durch die Sache des Dünkels genesen ist. Was im Hirn ist, das ist im Hirn und Existenz ist die erste aller Eigenschaften . . . Verachte keine Religion, denn sie ist dem Geist gemeint, und Du weißt nicht, was unter unansehnlichen Bildern verborgen sein könne. Es ist leicht zu verachten, Sohn, und verstehen ist viel besser. Lehre nicht andre, bis du selbst gelehrt bist. Nimm Dich der Wahrheit an, wenn Du kannst, und lass Dich gerne ihretwegen hassen; doch wisse, dass Seine Sache nicht die Sache der Wahrheit ist, und hüte, dass sie nicht ineinander fließen, sonst hast Du Deinen Lohn dahin. Tue das Gute vor Dich hin und bekümmre Dich nicht, was daraus werden wird. Wolle nur einerlei, und das volle von Herzen.

Sorge für Deinen Leib, doch nicht so, als wenn er Deine Seele wäre. Gehorche der Obrigkeit, und lass die andern über sie streiten. Sei rechtschaffen gegen jedermann, doch vertraue Dich schwerlich. Mische Dich nicht in fremde Dinge, aber die Deinigen tue mit Fleiß. Schmeichle niemand, und lass Dir nicht schmeicheln. Ehre einen jeden nach seinem Stande, und lass ihn sich schämen; doch sei zuvorkommend, als ob sie alle Deine Gläubiger wären. Wolle nicht immer großmütig sein, aber gerecht sei immer. Mache niemand graue Haare, doch wenn Du Recht tust, hast Du um die Haare nicht zu sorgen.

Misstraue der Gestikulation, und gebärde Dich schlecht und recht. Hilf und gib gerne, wenn Du hast, und dünke Dir darum nicht mehr, und wenn Du nicht hast, so habe den Trunk kalten Wassers zur Hand, und dünke Dir darum nicht weniger. Tue keinem Mädchen Leides, und denke, dass Deine Mutter auch ein Mädchen gewesen ist. Sage nicht alles, was Du weißt, aber wisse immer, was Du sagest. Hänge Dich an keinen Großen. Sitze nicht, wo die Spötter sitzen, denn sie sind die elendesten unter allen Kreaturen. Nicht die frömmelnden, aber die frommen Menschen achte, und gehe ihnen nach. Ein Mensch, der wahre Gottesfurcht im Herzen hat, ist wie die Sonne, die da scheinet und wärmt, wenn sie auch nicht redet. Tue was des Lohnes wert ist, und begehre keinen.

Wenn Du Not hast, so klage sie Dir und keinem andern. Habe immer etwas Gutes im Sinn. Wenn ich gestorben bin, so drücke mir die Augen zu und beweine mich nicht. Stehe Deiner Mutter bei und ehre sie, so lange sie lebt, und begrabe sie neben mir. Und sinne täglich nach über Tod und Leben, ob du es finden möchtest, und habe einen freudigen Mut; und gehe nicht aus der Welt, ohne Deine Liebe und Ehrfurcht für den Stifter des Christentums durch irgendetwas öffentlich bezeuget zu haben.

Dein treuer Vater

Josef Kirschner
Die Kunst ein Egoist zu sein
Das Abenteuer, glücklich zu leben,
auch wenn es anderen nicht gefällt

Josef Kirschner, Jahrgang 1931, war Reporter und Chefredakteur, Lehrbeauftragter an der Universität Wien, Gast an der amerikanischen Harvard-Universität, Ölbohrer und Lagerhausarbeiter, Werbetexter und PR-Mann, Fernsehautor und Moderator der Talkshow „Tritsch-Tratsch". Er entwickelte ein Zukunftsmodell für einen Kurort, begründete eine „Lebensschule" und leitete das Verlagsbüro des Burda-Verlages in Wien.

Josef Kirschner, dessen Buch „Manipulieren - aber richtig" ein Bestseller wurde, stellt in diesem nicht minder erfolgreichen Buch folgende provokante Grundthese auf: Wir alle sind Egoisten, aber nur wenige verstehen es das Beste für sich daraus zu machen. Die meisten Menschen passen sich lieber der Mitwelt an. Sie tun alles um geliebt, gelobt und anerkannt zu werden. Damit machen sie sich zu Marionetten allgemeiner Verhaltensklischees und verzichten darauf ihr eigenes Leben zu leben. Dabei ist es gar nicht so schwer sein Leben selbst zu bestimmen, sich seine Wünsche zu erfüllen, statt sie zu unterdrücken, und sich gegen äußere Widerstände durchzusetzen.

In „Die Kunst, ein Egoist zu sein" wird gezeigt wie man es macht. Nicht gefällig, nicht rücksichtsvoll, sondern schonungslos werden uns jene Schwächen vor Augen geführt, die uns an der Selbstverwirklichung hindern.

Josef Kirschner

Manipulieren - aber richtig

Die acht Gesetze der

Menschenbeeinflussung

Josef Kirschner stellt in „Manipulieren - aber richtig" die einleuchtende These auf: Wir alle werden von Geburt an ständig manipuliert und wir alle versuchen täglich, unsere Mitmenschen zu unserem Vorteil zu beeinflussen. Dieses permanente Bemühen ist ein wesentlicher Bestandteil des Zusammenlebens.

Wer sich freilich in diesem manipulativen Spiel behaupten will, wer aus der Masse der Manipulierten heraustreten will und sich selbstverwirklichen möchte, statt ein Leben aus zweiter Hand zu führen, muss die Spielregeln beherrschen. Die hierzu notwendigen Kenntnisse vermittelt Kirschner in diesem Buch. Er macht seine Leser mit den Manipulationsgesetzen vertraut und zeigt wie man sie im Alltag richtige anwendet. Wie man seine Argumente gut verpackt und sich davor schützt übervorteilt zu werden, wie man seinen eigenen Vorteil wahrt und die Schwächen der Gegner nutzt, wie man sich gegenüber Autoritäten, Gesellschaft und Familie behauptet und seine eigenen Vorstellungen durchsetzt. Josef Kirschner macht mit diesem Buch deutlich, dass jeder die Chance hat sein Leben selbst zu gestalten. Er muss nur die Initiative hierzu ergreifen.

Lucius Annaeus Seneca

„Vom glückseligen Leben"

Lucius Annaeus Seneca war Erzieher und Ratgeber des römischen Kaiser Nero, der zeitweilig die Leitung der römischen Staatsgeschäfte innehatte und sich im Jahr 65 n. Chr. Auf Befehl des Kaisers selbst den Tod geben musste. Er hat seine stoische Lebensauffassung in zahlreichen Briefen und philosophischen Schriften niedergelegt, deren wichtigste in der vorliegenden Übersetzung zusammengefasst sind.

Seine ebenso geistreichen wie tiefgründigen Darlegungen haben durch zwei Jahrtausende ihren bedeutenden Rang als Zeugnisse einer hohen, zeitlos gültigen Humanität bewahrt. Die welterfahrene Lebensweisheit des römischen Politikers und Philosophen, dem Philosophie als Lebenskunst, als Wissenschaft vom rechten Leben - und Sterben galt, vermag auch noch den heutigen Leser in ihren Bann zu ziehen.

Lucius Annaeus Seneca
Von der Kürze des Lebens

Aus diesem Buch wird folgendes Zitat von Prof. Christoph Horn festgehalten:

Wie soll der Mensch richtig leben, wenn er weiß, dass sein Leben kurz ist? Diese grundlegende Frage der Lebenskunst beantwortet der antike Philosoph und Dichter Lucius Annaeus Seneca (4 v.Chr. bis 65 n. Chr.) in seiner berühmten Schrift *De brevitate vitae* mit Maximen und Einsichten, die auch heute nichts von ihrer Gültigkeit eingebüßt haben. Wer einmal gelernt hat, sein Leben „nach vorne" zu leben und jeden einzelnen Tag so zu nutzen, als wäre es der letzte, wer mit seiner Zeit achtsam umgeht und dieses kostbare Gut nicht für oberflächliche Ziele verschwendet, für den ist die Lebenszeit gar nicht so furchtbar kurz, sondern „lang genug".

Wenn wir das Wesen der Zeit verstanden haben, so lehrt uns der Stoiker Seneca, dann haben wir den wichtigsten Schritt zu einer gelingenden Lebensführung getan.

Antony de Mello
Der springende Punkt
Wach werden und glücklich sein

Der Bestseller-Autor Antony de Mello hat mehrere Bücher geschrieben - es lohnt sich diese Werke zu lesen - sie bieten eine unkonventionelle Anleitung zu einem Leben frei von Zwängen, Ängsten und Enttäuschungen.

Mit vielen Geschichten und Gleichnissen locker durchwoben, humorvoll, plaudernd, doch ebenso provozierend und konkret, bringt de Mello die großen Fragen des Menschen nach Glück und Leid, nach Liebe und Angst, Befreiung und Schmerz, Wahrhaftigkeit und Selbsterkenntnis auf den sprichwörtlich springenden Punkt.

Mit der Weisheit der östlichen und westlichen Welt führt er den Leser unmittelbar zum Wesentlichen, zur Wahrheit seines Lebens. Dieses originelle Buch ist von besonderer Art: Es weckt die Lebensgeister und eröffnet überraschende neue Wege zum Glück.

Lassen Sie mich bitte aus diesem Werk einen Lebens-Grundsatz - oder wie man es nennen will - zitieren.

Wirklichkeit

Man muss alles loslassen. Es ist wohlgemerkt kein physischer Verzicht, das wäre ja einfach. Wenn Ihre Illusionen schwinden, kommen Sie schließlich zur Wirklichkeit.

Und Sie können mir glauben: Sie werden nie mehr einsam sein, nie mehr.

Einsamkeit lässt sich nicht durch menschliche Gesellschaft beseitigen. Einsamkeit wird durch Nähe zur Wirklichkeit aufgehoben. Dazu ließe sich noch viel sagen.

Nähe zur Wirklichkeit, Illusionen aufgeben, zum Wirklichen kommen. Was auch immer es sei, es hat keinen Namen.

Wer diesen Grundsatz erkennt und insbesondere konkret praktiziert, wird sehr schnell die enorme Bedeutung erkennen. Er versetzt sich nämlich in die Lage mit der persönlichen Einsamkeit jetzt fertig zu werden. Dass dies einen enormen Willen erfordert liegt auf der Hand.

Ralph Waldo Emerson

Das Emerson-Brevier

Kraftgedanken

Zu geistiger Selbstführung

Viele Menschen suchen - weil sie sich innerlich unsicher oder haltlos fühlen - Rat, Führung und Hilfe bei anderen. Sie werden Anhänger von dem und jenem - und erleben am Ende Enttäuschungen, weil sie von ihrem eigenen Wege abgekommen sind.

Wirkliche Sicherheit und Geborgenheit und die Fähigkeit erfolgreicher Selbstführung - d.h. zielbewusster Selbst- und Lebensmeisterung aus eigener Kraft und ohne Fremdhilfe - findet jeder nur in seinem eigenen Inneren.

Das WIE dieser Selbstbesinnung und Selbstführung hat keiner deutlicher aufgezeigt als der große Lebensphilosoph der Neuen Welt, Ralph Waldo EMERSON. Seine ebenso zeitlosen wie kraft spendenden Gedanken sind hier so zusammengefügt, dass sie in jeder Situation positive Impulse zur Selbsthilfe vermitteln und zu optimistischer Lebensgestaltung inspirieren.

Emerson's Worte sind Lichtgedanken, die unmittelbar reicher machen, die inneren Kraftquellen zum Fließen bringen, das Herz mit unbesiegbarem Selbstvertrauen erfüllen und den Weg zu immer größeren Fortschritten und Erfolgen frei machen.

Der Autor **Ralph Waldo Emerson** schrieb außerdem folgendes Buch:

Die Natur

Ausgewählte Essays

Dieser Band enthält sechs der einflussreichsten Essays Emerson's in neuer Übersetzung und ausführlicher Kommentierung. Besonders in dem programmatischen Text „Die Natur" finden sich neben den tief schürfenden Reflexionen über das Verhältnis des Menschen zu Gott und Natur Maximen, die für das amerikanische Selbstverständnis bis heute von überragender Bedeutung sind.

Die Essays erheben den Anspruch allgemeiner Gültigkeit für die (amerikanische) Öffentlichkeit, eine Nation ließ sich von ihnen fesseln. Sie zeigen aber auch immer wieder das Private und Intime eines Mannes, den die Philosophen für einen Dichter und die Dichter für einen Philosophen gehalten haben.

Gustave le Bon

Psychologie der Massen

Gustave Le Bon, geboren am 07.05.1841 in Nogent-le-Rotrou, gestorben am 15.12.1931 in Paris, war zunächst als Arzt tätig; später befasste der sich vorwiegend mit Hygiene und Physiologie sowie mit Archäologie, Völkerkunde, Politik, Psychologie und Soziologie.

Le Bon wurde mit seinem Buch „Psychologie der Massen" zum Begründer der Massenpsychologie und für die Soziologie bedeutsam.

Er vertritt die Auffassung, dass der einzelne, auch der Angehörige einer Hochkultur, in der „Masse" seine Kritikfähigkeit verliert und sich affektiv, z.T. primitiv-barbarisch, verhält. In der Massensituation ist der einzelne leichtgläubiger und unterliegt der psychischen Ansteckung. Somit ist die Masse von Führern leicht zu lenken.

Wer in dieses hochinteressante Werk eingestiegen ist, wird sehr schnell merken, dass es ihm geistig viel bietet. Es gilt, die Grundsätze von Gustave Le Bon zu erkennen und insbesondere zu praktizieren. Dies erfordert allerdings einen starken Willen.

Prof. John Maeda

S i m p l i c i t y

Die zehn Gesetze der Einfachheit

Professor John Maeda (Jahrgang 1966) zählt lt. Esquire zu den 21 bedeutendsten Menschen des 21. Jahrhunderts.

Der Autor führt in dem o.g. Buch aus, wie Einfachheit und Komplexität in Einklang zu bringen sind. Seine zehn Gesetze der Einfachheit für Technologie, Design, Wirtschaft und Alltag sind sehr interessant.

Es lohnt sich für jeden Leser, in seine Gesetze einzusteigen und die individuellen Folgerungen zu ziehen.

Das Buch wurde 2012 neu aufgelegt.

Teil V

Sachregister

Eigene Anmerkungen zum Buch

Eigene Anmerkungen zum Buch

Eigene Anmerkungen zum Buch

Das Buch und auch das E-Book sind entstanden

in Zusammenarbeit mit der:

LiteraturCompany Berlin

Vom Manuskript zum Buch!

Alles aus einer Hand!

www.LiteraturCompany.de

Peter-Hille-Straße 97

12587 Berlin

fon: 030 747 66 140

fax: 030 747 66 141

www.tredition.de

Über tredition

Der tredition Verlag wurde 2006 in Hamburg gegründet. Seitdem hat tredition Hunderte von Büchern veröffentlicht. Autoren können in wenigen leichten Schritten print-Books, e-Books und audio-Books publizieren. Der Verlag hat das Ziel, die beste und fairste Veröffentlichungsmöglichkeit für Autoren zu bieten.

tredition wurde mit der Erkenntnis gegründet, dass nur etwa jedes 200. bei Verlagen eingereichte Manuskript veröffentlicht wird. Dabei hat jedes Buch seinen Markt, also seine Leser. tredition sorgt dafür, dass für jedes Buch die Leserschaft auch erreicht wird

Autoren können das einzigartige Literatur-Netzwerk von tredition nutzen. Hier bieten zahlreiche Literatur-Partner (das sind Lektoren, Übersetzer, Hörbuchsprecher und Illustratoren) ihre Dienstleistung an, um Manuskripte zu verbessern oder die Vielfalt zu erhöhen. Autoren vereinbaren unabhängig von tredition mit Literatur-Partnern die Konditionen ihrer Zusammenarbeit und können gemeinsam am Erfolg des Buches partizipieren.

Das gesamte Verlagsprogramm von tredition ist bei allen stationären Buchhandlungen und Online-Buchhändlern wie z. B. Amazon erhältlich. e-Books stehen bei den führenden Online-Portalen (z. B. iBook-Store von Apple) zum Verkauf.

Seit 2009 bietet tredition sein Verlagskonzept auch als sogenanntes "White-Label" an. Das bedeutet, dass andere Personen oder Institutionen risikofrei und unkompliziert selbst zum Herausgeber von Büchern und Buchreihen unter eigener Marke werden können.

Mittlerweile zählen zahlreiche renommierte Unternehmen, Zeitschriften-, Zeitungs- und Buchverlage, Universitäten, Forschungseinrichtungen, Unternehmensberatungen zu den Kunden von tredition. Unter www.tredition-corporate.de bietet tredition vielfältige weitere Verlagsleistungen speziell für Geschäftskunden an.

tredition wurde mit mehreren Innovationspreisen ausgezeichnet, u. a. Webfuture Award und Innovationspreis der Buch-Digitale.

tredition ist Mitglied im Börsenverein des Deutschen Buchhandels.